本书出版得到国家古籍整理出版专项经费资助

辉煌时代
HUIHUANG SHIDAI

睡狮觉醒

陈 坚 王钦双 著

中华书局 上海古籍出版社

图书在版编目(CIP)数据

睡狮觉醒/陈坚,王钦双著.—北京:中华书局,上海
古籍出版社,2010.4(2011.12 重印)
（文史中国）
ISBN 978－7－101－06874－0

Ⅰ.睡… Ⅱ.①陈…②王… Ⅲ.中国－近代史－
青少年读物 Ⅳ.K250.9

中国版本图书馆 CIP 数据核字(2009)第 123729 号

书　　名	睡狮觉醒	
著　　者	陈　坚　王钦双	
丛 书 名	文史中国	
责任编辑	娄建勇	
出版发行	**中华书局**	
	（北京市丰台区太平桥西里 38 号　100073）	
	http://www.zhbc.com.cn	
	E－mail:zhbc@zhbc.com.cn	
	上海古籍出版社	
	（上海市瑞金二路 272 号　200020）	
	http://www.guji.com.cn	
	E－mail:gujil@guji.com.cn	
印　　刷	北京精彩雅恒印刷有限公司	
版　　次	2010 年 4 月北京第 1 版	
	2011 年 12 月北京第 4 次印刷	
规　　格	850×1168 毫米　1/32	
	印张 5¼　字数 60 千字	
印　　数	15001—18000 册	
国际书号	ISBN 978－7－101－06874－0	
定　　价	19.00 元	

《文史中国》丛书
出版缘起

　　《文史中国》丛书的策划编撰，始于2004年。

　　这一年，中共中央、国务院明确了一项重大的文化战略：
"对未成年人进行以爱国主义为核心的伟大民族精神的教
育"，要求通过中华民族优良传统和悠久历史的教育学习，引
导广大青少年"从小树立民族自尊心、自信心和自豪感"。

　　有鉴于此，中华书局和上海古籍出版社——中国南北两家
以弘扬中华传统文化为己任的著名出版社——决定联手合作，
出版一套为青少年量身度制的高质量的传统文化系列图书，其
初命名为《长城丛书》，计16个系列、约160种图书。计划得
到了有关部门的高度重视，很快列入了"'十一·五'国家重
点图书出版规划"与"国家古籍整理出版'十一·五'重点规
划"。

　　2005年，中宣部策划组织的弘扬伟大民族精神的重点出版
工程——"民族精神史诗"全面展开。《长城丛书》之"文史
知识"部分，又被吸纳为这项重大文化工程之一，并以《文史
中国》为名，正式启动。经过近五年时间、数十位学者的倾情

投入，其第一批成果，终于以清新靓丽的面貌，呈现在广大读者的面前。

有别于以往的传统文化读物，《文史中国》的宗旨可概括为一句话：题材是传统的，眼界是当代的。因此除了科学性与可读性相统一的常规标准外，丛书从选目到撰写，更要求以一种世界性的文化视域来透析中华文化的深刻意蕴。而"中华"与"上古"深厚的学术底气与近十年来的创新精神，正是践行这一宗旨的可靠保证。

《文史中国》丛书首批共38本，分为四个系列："辉煌时代"、"世界的中国"、"文化简史"、"中华意象"。四个系列互相联系，同时又自成体系，为读者多视角多侧面地展示中华文明。

"辉煌时代"系列共10本，选择中国五千年历史上十个辉煌的时代，作横断面的介绍与分析，以显示开放心态和创新精神是中华民族发展振兴的主体精神。

"世界的中国"系列共10本，集中表现中华文化与世界各民族文化的交流与融合，以展现中华文明是人类文明的共同组成部分，强调中国与世界的开放共荣、和谐共处是中华文化的固有精神。

"文化简史"系列共10本，从中国人文化生活的各部类入手，历时性地介绍中国人知行合一的生活情趣，高尚优雅的审美理念，以及传承有序、丰富多姿的文化积累，从而为当代人的生活文化与中国文化走向世界提供启示。

"中华意象"系列共8本，选取最能够体现中华民族主体思想的、具有象征意味的意象，进行深入的解析。"龙凤""金玉"等意象早已经成为中华民族的文化符号，它们以其特有的形象和意涵，展示着中国人特有的精神世界，并丰富着全人类的文化符号。

全中国的中小学生、全世界的华人学子，是《文史中国》丛书的当然读者。我们期待着读者们在清新优美的文字和图文并茂的情境中，感受到中华民族"爱国、团结、和谐、奋斗"的伟大的民族精神，成为一个出色的中国人。

今后，无论您走到世界的哪一个地方，无论您从事哪一项职业，无论您身处顺境还是逆境，您都可以骄傲地大声说：

"是的，我是中国人！"

中华书局 上海古籍出版社

2009年7月

Mulu

目录

深入阅读

康熙皇帝朝服像

第一章

东方睡狮

中国是位于亚洲东部的文明古国。中华民族经过秦汉以来两千多年的发展，至清康雍乾时期，社会经济取得了有史以来的最高成就，呈现出一片兴旺繁荣的景象。但好景不长，在变化了的世界面前，统治者们却表现出惊人的麻木和极度的愚昧。极端的闭关，把中国与西方之间的距离大大拉开了。自十八世纪下半叶开始，清王朝已经走上衰败的道路，往日的东方雄狮似乎日现疲态，昏昏欲睡，一蹶不振。

夕阳晚照

清朝开国之初，在康熙、雍正、乾隆三朝，曾经有过一番兴旺的气象。康熙皇帝（1662—1722年在位）励精图治，对内重视安定统一，发展社会经济，对外维护国家主权，抵抗侵略，有效地遏止了来自海上和陆上（沙皇俄国）的殖民扩张。到乾隆皇帝（1736—1796年在位）初期和中期，国势达于鼎盛，史称"康乾盛世"。这一时期，中国社会的各个方面在原有的体系框架下达到极致，其经济取得了有史以来的最高成就。它的农业、手工业、科学工程、城市发展等，都曾达到了当时世界的先进水平。

清代的农业生产工具同前代相比较并没有本质的进步，但农业技术却有了明显的提高。康熙、雍正年间，水稻在北方试植成功，从根本上改变了京津一带粮食品种结构。一些新作物的引进对农业生产的发展也起到了重要作用。如番薯的推广、玉米的引进等，此外，桑、棉、麻、茶、蔗、烟等经济作物的种植也得到大力发展。尤其是桑、棉、麻等在清代出现高度商品化的特点。江南地区的桑蚕举世闻名，形成以杭州、嘉兴、湖州为中心的桑蚕饲养区。广东珠江地区形成桑蚕鱼塘的立体经营模式，桑蚕业的发展引人注目。由于农业技术的改进和良种的推广，中国的粮食收获率较高，农作物总产量占世界第一位。

在农业快速发展的同时，手工业生产规模也得以不断扩大。康熙中期以后，社会秩序相对稳定，经济得到发展，手工业工人的生活有了一定的保障，各个手工业部门也有了一定的进步和发展。其中，采铁、冶铁就是当时国民经济中极其重要的手工业部门。全国各地有不少规模较大的采铁、冶铁工场。如广东佛山"炒铁之炉数十，铸铁之炉百余，昼夜烹炼，火光烛天"。清代的采煤业也极为普遍，各地有许多煤窑。政府除按照一般田赋则例收税外，没有特殊的煤矿税，管制比铜铁矿更加松弛。河北、山西是主要的产煤区，特别是北京城人口众多，燃煤的需要量很大，郊区煤窑林立。江南纺织业在清代得到更加迅速的发展，出现了机户开设的手工工场，雇佣着大量手工工人。如当时江宁（今南京）著名的机户李扁担、陈草包、李东阳等，各自拥有四五百张纺织机。也有的人自己不开设作坊，只是"散放丝经，给予机户，按绸匹计工资"。由此可见，江南一带的丝织业，除了被织造局控制的一部分外，也有少数带有资本主义性质的工场手工业。在此基础上，市场也有了一定程度的发育。粮食、布匹、棉花、丝、绸缎、茶、盐成为主要商品，其流通值为三点五亿银两（许涤新、吴承明《中国资本主义发展史》，第1卷，第284页），如果加上烟、酒、糖、油、煤、铁、瓷器、木材，不少于四点五亿两，以当时人口三亿计，人均商品流通值为银一点五两。

伴随手工业生产的发展，清朝的对外贸易出现了急剧增长势头。主要出口商品有茶、丝、土布，尤以茶叶占第一位。十八世纪末，英国东印度公司每年平均从中国购买茶叶值银四百万两。而英国商人运到中国来销售的主要商品（毛织品、金属、棉花）的总值，尚不足以抵消从中国运出的茶叶一项。为了平衡贸易收支，英国商人必须运送大量白银到中国。康熙年间，清朝征收的关税正额有银四万三千两，实际上关税收入大大超过"正额"。乾隆末，每年"盈余"（即超额部分）已达八十五万两，超过康熙年间所定关税正额的二十多倍。正是为了平衡对华贸易逆差，英国把大量鸦片运进中国，并发动了罪恶的鸦片战争。

不仅如此，随着分工不断扩大，商品经济不断发展，城市以及一些市镇也日益繁荣起来。到康、雍、乾时期，北京、扬州、苏州、江宁、杭州、广州、佛山、汉口等都已发展成为具有相当规模的工商业城市，可谓当时中国的八大城市。到十九世纪初，全世界有十大拥有五十万以上居民的城市，而中国的北京、江宁、扬州、苏州、杭州、广州名列其中。我们以北京和扬州为例，来说明当时中国城市与商业的繁荣景象。清代前期，北京不仅是政治、文化中心，也是我国北方商业贸易的著名城市。当时北京的交通十分方便，已经初步形成了四通八达伸向全国各地的水陆交通网，这给北京工商业发展提供了极为有利的条件。北京最繁华的地区并不是达官贵人聚集的内城，而是在宣武、正阳、崇文三门以外。那些富商大贾，拥有成千上万的财富，在三门以外经营工商业。到乾隆时期，正阳门外大栅栏一带，已经成为商铺林立、人来人往的热闹去处。与北京相比，扬州城商业气氛显得更加浓厚。乾隆年间，由于盐业、漕运的发展，扬州商业十分繁盛。如供应巨商大贾、达官贵人衣着的绸缎铺，集中在缎子街；供有闲阶级消遣的酒楼茶肆，集中在北门桥、虹桥附近。乾隆南巡到达扬州时，留下了"广陵风物久繁华"、"广陵繁华今倍昔"的诗句。

社会经济的快速发展，不仅为科学技术的进步奠定了基础，也提出了新的要求。这一时期，数学研究是相当活跃的，就数学家人数和有关专著的数量而言，超过了以往任何时代。虽然当时中国的数学整体已落后了，且与正在兴起和迅速发展的西方近代数学相比差距越来越大，但中国的数学家们通过刻苦钻研和不懈努力，在发掘、整理、继承和发扬中国传统数学，以及消化、吸收西方数学等方面，仍然取得了不少重要的和具有独创

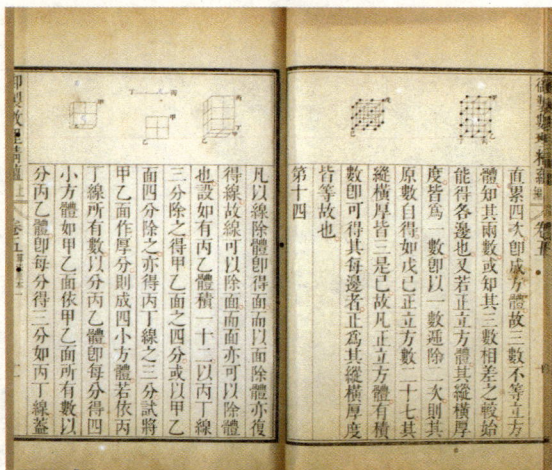

《御制数理精蕴》（康熙内府铜活字印本）

5

性的成果，做出了令人瞩目的贡献，并逐渐完成了由常量数学到变量数学和由初等数学到高等数学的演变。康熙年间编撰的《律历渊源》一百卷，其中数学部分《数理精蕴》共分五十三卷，包括上编"立纲明体"五卷，下编"分条致用"四十卷，数学用表四十种八卷，这是一部当时中国数学和引进的西方数学知识的百科全书，基本上反映了当时中国的数学水平。

除数学外，天文学在清代也有一定的发展。顺治年间，德国传教士汤若望将原有一百三十七卷的《崇祯历书》删改压缩成一百零三卷，更名为《西洋新法历书》，进呈给清政府。

康熙年间制作的地球仪

《西洋新法历书》是当时钦天监官生学习新法的基本著作和推算民用历书的理论依据。康熙年间，在《西洋新法历书》基础上进行了修订，编撰完成《历象考成》。雍正、乾隆年间，《历象考成》经历了多次修订，最后编撰成《历象考成后编》。后编比前编有较大的进步，如抛弃了过时的小轮体系，应用了开普勒第一定律（椭圆运动定律）和第二定律（面积定律），增补了关于视差、蒙气差的理论与采用了较精确的数据等。

总之，经过几千年的发展，到封建社会的晚期，中国曾取得过巨大的成就，并以高度的农业文明著称于世，呈现出盛世的辉煌。至乾隆末年，中国经济总量占世界第一位，人口占世界三分之一，对外贸易长期出超，以致英国迟迟不能扭转对华贸易的逆差。古代中国取得的成就，赢得了世界的赞誉。法国启蒙学者伏尔泰称赞中国是"举世最优美、最古老、最广大、人口最多而治理最好的国家"。法国《百科全书》的主编狄德罗在该书《中国》条目中，盛赞"中国民族，其历史之悠久，文化、艺术、智慧、政治、哲学的趣味，无不在所有民族之上"。

死水一潭

"康乾盛世"时期，清王朝所呈现出的繁荣景象，并无法掩盖其内在的停滞和颓势。尤其是在面对世界的发展进步，面对工业革命和科学革命时，清王朝表现出惊人的愚昧和麻木，妄自尊大，满足现状，囿于传统，反对变革，蔑视科学，禁锢思想，加强集权，使庞大的中国犹如一潭死水，万马齐喑，成为时代的落伍者。

　　康熙时期的经济政策，仍然是传统的重本轻末，即十分重视农业和家庭手工业生产，而对独立手工业和商业却不太重视，具体体现在这一时期的政策法令上，如大力兴修农业水利设施；奖励蚕桑纺织等。同时，又颁布禁令禁止独立手工业中的采矿业、冶矿业等。在通商方面，康熙前期仍实行比较严格的限制商品流通政策，尤其是海外贸易方面。直到1684年，鉴于清王朝统治日趋稳固，康熙才改变原来的"寸板不许下海"的禁海政策，实行有限度的海外贸易政策。乾隆帝沿袭前辈们所推崇的重本抑末思想，也将打击工商业、压抑商品生产与商品流通作为治国的根本经济原则。他明确表示："朕欲天下之

清朝皇帝亲耕图（铜版画）

民，使皆心力南亩……将使逐末者渐少，奢靡者知戒，蓄积者知劝。"这一段话，充分表明了他的压缩工商业经济、鼓励发展农业的思想。在这种思想支配下，乾隆在位时期厉行重农抑商的经济政策，如扩大征税范围，提高商税税率。在繁重的商税制度下，商贾外出贩运必遭多方榨取，连商贾旅宿吃饭都须额外加款，有些地方商人坐在铺中也要交款。在对外贸易方面，乾隆帝基本上也采用康熙以来的外贸政策和措施，实行紧缩外贸，取消通商口岸政策（只开放广州港）。由于清王朝统治者实行了上述一系列不利于工商业成长的经济政策，从而将中国与世界隔离起来，使中国社会经济停滞不前，终于酿成了近现代社会的落后结局。

清王朝实施闭关政策，极大地妨碍了中国人学习世界先进的科学技术和思想文化。十七、十八世纪，西欧走出了中世纪的牢笼，文化思想和自然科学迅速发展，放射出光辉异彩。而中国知识界却闭目塞听，沉溺于理学、八股、考据、词章之中，踏步不前。清政府十分害怕中外文化的交流，把外国文化科学视为离经叛道的邪说，限制外国书籍流传。康熙时期，北京等地有一批外国传教士，他们带来某些科学知识，但由于中国的社会条件和政府禁令，这点有限的科学技术知识也得不到传播、推广，更不可能在中国生根、开花和结果。康熙末年，清朝和罗马教廷发生争执，限制了传教活动。雍正初年，完全禁止天主教，这就像把脏水和孩子一起倾倒掉一样，掐断了中西文化仅有的一点微弱的联系。中国被紧密地封锁在世界之外，知识界不但不可能向外国学习，也根本不了解中国以外的情况。欧美诸国日新月异，而中国停滞不前，依然故我，越来越没落下去。

与其他封建王朝一样，清王朝吸取了历代封建专制统治的经验，从一开始就采取严密的控制措施，加强封建专制，防范一切可能动摇、侵犯和篡夺皇权的行为发生。如顺治帝在位时，就规定：太监干政，结纳官员，擅奏外事，要受凌迟处死。而且，太监受内务府衙门的严格管理，不能形成自身的权力体系，各级官吏可以监督外出的太监。乾隆帝时，一个很低微的热河巡检张若瀛杖责不法太监，受到奖励。对于朋党问题，清代初年就严厉禁止，并在各地的府学、县学内设立卧碑。康熙帝明确指示："人臣分立门户，私植党羽，始而蠹国害政，终必祸及身家。"雍正帝更是痛恨朋党，并专门写了一篇《朋党论》，告诫百官，以稳固专制皇权。

更为甚者，清王朝在强化专制制度的同时，还大兴文字狱，加强对人们思想的控制。文字狱，就是以文字作品定罪，望文生义，捕风捉影，任意罗织罪状，是专制皇帝用以震慑官吏、知识分子的重要手段。在中国两千多年封建社会里，文字狱屡见不鲜，而清朝的文字狱，其次数之多，株连之广泛，处罚之残酷，超过了以往任何王朝。清代文字狱开始于康熙时期，其最初是针对流行于社会的民族思想和反清意识而采用的一种严厉措施。

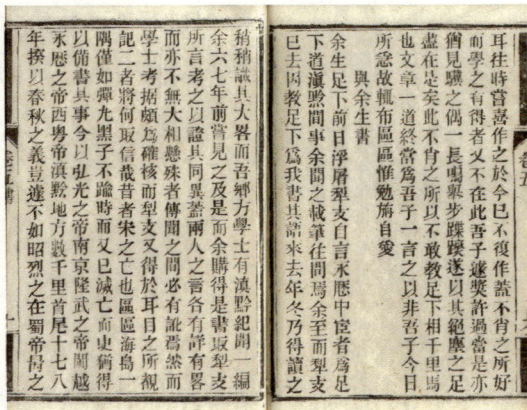

戴名世《南山集》

康熙时期最著名的两桩文字狱案分别是庄廷鑨的《明史》案和戴名世的《南山集》案。其中，《南山集》案很能说明问题。此案发生在康熙后期，翰林院编修戴名世著《南山集》，该书因使用南明诸帝年号，触犯清政府大忌。康熙帝下令对此案追根刨底，牵连甚众，为《南山集》作序的、刊刻的、贩卖的，与戴名世交往的很多人，均得罪被捕，其中有名士方苞、王源等。到雍正时期，案件数目比前朝明显增多，罪名更加苛细，吹毛求疵，甚至故意罗织成狱。许多案件，并不单纯由于文字内容获罪，而是雍正帝假文字狱之名，打击异己势力。雍正帝开了恶劣的先例之后，清政府经常以文字狱抓人，而且都以大逆不道论处，治罪十分残酷，株连甚众。乾隆时期，文字狱更是家常便饭了。在这种文化专制主义统治下，很多文人提心吊胆，不敢议论朝政，不敢编写史书，只是埋头于故纸堆，养成了烦琐的考据学风，窒息了思想，摧残了人才。

由盛转衰

在全球大变局面前，清王朝以天朝上国自居，自恃"天朝物产丰富，无所不有"而拒绝开放、拒斥变革，其结果是一百多年的"盛世"之后中国社会骤然下跌，最终导致了中国封建社会由盛而衰。

事实上，乾隆末年，清王朝已明显地由盛转衰。自嘉庆朝（1796—1820）至鸦片战争前夜，整个封建主义制度已经危机四伏，四面楚歌。

土地兼并严重，社会矛盾日益激化，是清王朝走向没落的突出表现。中国封建社会的主要特点之一，是地主阶级、贵族和皇帝占有大量土地，农民则很少或完全没有土地。这种土地兼并与集中现象，到了十九世纪初已十分惊人。据1812年（清嘉庆十七年）统计：直接、间接掌握在皇帝手中的土地，竟达八十三万顷（每顷一百亩）。其他大地主大官僚也占有大量的土地，北方的官僚豪富，有的拥有数百万亩，或"膏腴万顷"；江南一带，豪强兼并，土地集中在百分之一二十的人口手里，以致"田主不知耕，耕者多无田"。大量土地的集中，

乾隆朝行乐图

使得大批农民失去土地，沦为佃农或流民。再加上人口骤增，而耕地和生产的增长却极为有限，也给社会带来极大的负担。在日益加重的地租、赋税、徭役和高利贷剥削下，人民过着饥寒交迫的生活，农民与地主阶级之间的矛盾日益尖锐。

吏治日益腐败，大小官吏贪污成风，贿赂公行，是清王朝走向没落的又一重要表现。乾隆时期，总揽朝政达二十多年的权臣和珅，其各种不义之财竟达四亿两之巨，相当于当时清政府八年的财政总收入。1841年大学士琦善被抄家，也查出黄金一万多两、白银一千八百多万两、珠宝十一箱。地方官吏巧取豪夺，更是无孔不入。正如当时民谣所说："三年清知府，十万雪花银。"嘉庆年间，四川一位道员为巴结上司，一次献出珍珠三斗，蜀锦一万匹。这些贪官污吏的敲诈勒索又通过各种手法转嫁到劳动人民身上，使广大人民群众过着食不果腹、衣不蔽体的悲惨生活。

清王朝的没落，还表现在军队腐败、武备废弛上。道光时期，清朝的八旗兵和绿营兵中不少人开始吸食鸦片，军纪败坏，又不经常操练，甚至京城驻军也"三五成群，手提雀笼雀架，终日闲游，甚或相聚赌博"。军官上自提督总兵，下至千总把总，克扣军饷，大吃空名，称之为"荫粮"。如果上级来检查的话，大官小官纷纷移东补西，或一人顶充数名，或暂时雇佣商人敷衍塞责，彼此包庇。军队的腐败，直接导致国家军费不足，军备废弛。有些地方，骑兵无马可骑，水勇不习水战。有些地方虽然有较好的武器装备，但是士兵们能熟练运用者甚少。据两江总督裕谦检查，"浙江水路各营镇将备，能知放炮之法者，惟……林亮光尚称谙练，余则绝少其人。各处海口，所安炮位，几同虚设"。至于沿海水师所用战船，大多是以"薄板旧钉"制成，"遇击即破"。这样的军队，除了扰民劫财，已经没有什么抵御外来侵略的能力了。

土地兼并的加剧、吏治腐败的加深，导致人民负担进一步加重。广大劳动人民在忍无可忍的情况下，除了不断地、普遍地进行抗粮、抗捐斗争外，还以各种形式同清政府展开武装斗争。如1796—1804年，湖北、贵州爆发了历时十年之久的苗民石柳

清军清剿白莲教起义布防图

邓起义；1813年，又爆发了白莲教支派天理教起义，起义以河南为中心，扩大到山东、直隶等省，京郊的一支起义军，竟然潜入北京，打进皇宫，使清廷震惊不已；1831年，两广地区发生了瑶民起义；1835年，山西发生曹顺起义等。这些起义的特点，多以秘密结社形式发展到与反动统治进行公开的武装斗争。与农民起义相呼应，城市也发生了商人和手工业者反抗封建统治的斗争。商人罢市闹衙，手工业工人"齐行叫歇"。1822年，苏州发生了纺织工人王南观等捣毁机户李升茂家，迫使机户增加工资的斗争。1813年，陕西发生了由万五领导的木工起义，起义由四百人迅速发展到五千人，以太白山为据点，转战户县、盩厔（今陕西周至）、陇县等地，并有五百铁工参加，震动整个陕西，直至次年才被镇压。清王朝"祸积有素"，封建制度已经快走到它的尽头。

第二章

落后挨打

　　鸦片战争前夕，中国面临着的是前所未有的一大变局。一方面，中国面临着的敌人不再是古代的"蛮夷之敌"，而是空前强大而又带着血腥味的西方殖民主义者；另一方面，统治中国的，却是腐朽、专制、守旧且已经趋向没落的清王朝。这种东西方对弈的新格局，预示着中华民族命运的坎坷与苦难。落后就要挨打，这种森林法则在十九世纪的殖民时代不断上演。随着西方殖民者用枪炮强行轰开中国的国门，中国被一步步拖入半殖民地半封建深渊。

列强崛起

　　正当清王朝国势衰微，日趋没落的时候，西方社会爆发了一系列改天换地的伟大革命，迅速地脱离传统的发展路线而突然加速前进，导致欧美资本主义非常迅速地发展起来。东西方的历史走向出现了巨大的反差。

十四世纪，在欧洲出现了资本主义萌芽。此后，资本主义的生产方式在欧洲各国封建社会内部得到持续的发展，为资产阶级夺取政权创造了条件。

1640年，英国爆发了资产阶级革命，标志着世界历史进入了资本主义时代。至十八世纪，英国、美国、法国等先后通过资产阶级革命，建立了资产阶级政权，为资本主义的发展扫清了道路，创造了政治上的前提和保证。

伴随着资产阶级革命的胜利和资本主义生产方式的确立，欧美资本主义获得突飞猛进的发展。正如马克思、恩格斯在《共产党宣言》中所指出："资产阶级在它的不到一百年的阶级统治中所创造的生产力，比过去一切世代创造的全部生产力还要多，还要大。"正是因为资本主义相比于封建主义有着极大的优越性，推动了英、法、美等主要资本主义国家日益强盛，逐渐拉开了与世界其他国家的差距。

英国是当时第一个资本主义强国，拥有广大的海外殖民地。在十七世纪中叶完成资产阶级革命后，十八世纪中叶英国开始了产业革命，导致了资本主义生产从工场手工业阶段向机器大工业阶段的飞跃，使社会生产力得到了突飞猛进的发展。

在英国的棉纺织业中，出现了许多大规模的织布工厂，从1770年到1841年这七十年间，棉纺织业的用棉量增加了一百倍。交通运输业发生了根本性的变革，轮船及蒸汽机车已开始普遍使用，煤铁等工业的产量也快速增加。到十九世纪初，英国已基本上完成了工业革命，成为世界上最强大、最先进的资本主义国家。为适应炮舰政策和经济掠夺的需要，英国的军事工业也

英国国王查理一世像

在急速发展。当时，它不仅拥有靠帆航行的军舰，而且还装备了蒸汽机动力舰船。军事实力的提升，为英国开辟新的商品市场提供了武力保障。十九世纪中叶，这个只占世界人口百分之二的岛国生产的工业品约占世界总产量的百分之四十五，并占有世界上商船舰队数量的三分之一，拥有全世界贸易总量的五分之一。为了对外扩张、掠夺殖民地、扩大商品市场，英国先后挫败了西班牙、荷兰、法国，成为"海上霸主"，在美洲、非洲、亚洲、大洋洲建立了号称"日不落"的殖民大帝国。1825年，英国发生了世界资本主义历史上第一次经济危机，生产过剩，工人失业，无产阶级掀起规模巨大的反抗运动。号称"世界工厂"的英国，为了摆脱危机，更加疯狂地向外掠夺殖民地。1838年，迫使伊朗订立了不平等条约；1839年，发动对阿富汗的战争。接着，就把侵略的魔爪伸向东方的中国。

法国在当时是仅次于英国的资本主义国家。经过1789年的资产阶级革命，法国建立了资产阶级政权，为资本主义的发展扫清了道路。十九世纪三十年代以后，法国的工业获得迅速发展，开始广泛使用机器。随着资本主义的发展，法国也积极向外扩张，抢夺殖民地。它首先在非洲以武力强占阿尔及利亚的部分领土，又企图侵占摩洛哥和突尼斯，并与英国争夺埃及。与此同时，法国对远东地区的中国等地早已垂涎三尺，以

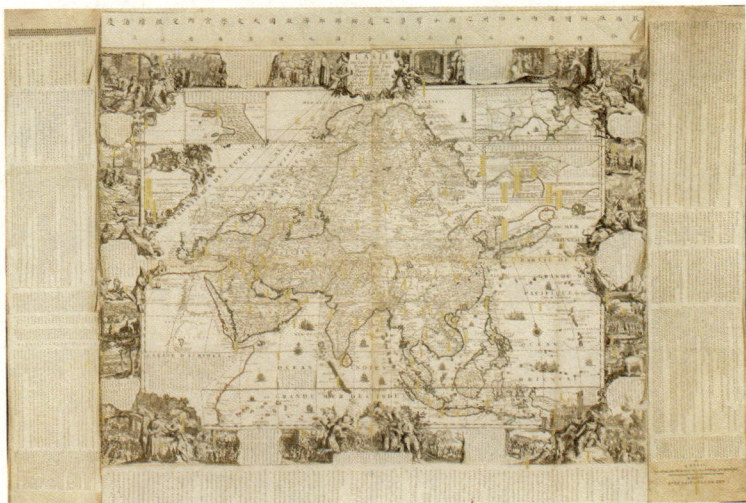

法国学者进呈给康熙的《亚细亚洲图》，1698年法国科学院巴黎天文台绘制

披着宗教外衣的传教士为先锋队，在我国南方早就开始了侵略活动。

远在另一大陆的美国，于1776年7月4日发表"独立宣言"，在反英战争胜利的基础上，建立了独立的资产阶级共和国。美国的资本主义起步虽较晚，但发展速度却很快。它的农业机器生产数量迅速超过欧洲各国。至1850年，铁路总长达一万五千公里，居世界第一。美国商业资本异常活跃，十九世纪初，它利用欧洲混战之机，迅速发展商业，获得巨额利润。1805年，美国掌握了国际贸易的三分之二。美国一直积极向海外扩张，在对华贸易方面仅次于英国。当英国大肆对华侵略时，美国就成为它的重要帮凶。

　　沙皇俄国本是一个欧洲国家，与我国并不接壤。十六世纪下半叶，沙皇俄国开始越境，吞并西伯利亚，然后又靠近中国的西北边境，并开始了侵略我国领土的罪恶活动。俄国原本是一个长期处于封建农奴制的国家。从十六世纪末至十七世纪

美国首任总统乔治·华盛顿像

初，它也开始了资本主义原始积累的过程，十八世纪后期出现具有资本主义性质的手工工场。十九世纪初开始在棉织业中使用机器生产，资本主义生产关系有了一定的发展。但直到十九世纪前半期，封建经济仍占统治地位。

考察十九世纪头四十年的历史变迁，比较两种社会制度的发展趋势，到鸦片战争前夕，显而易见的事实是：中国封建社会在衰落，而西方资本主义在发展。一个落后了，成为弱者；一个先进了，成为强者。正是在中西形势发生陡然逆转之时，中国碰到了西方资本主义侵略者这个凶恶的对手。

中英贸易

中国同许多国家和地区，很早就有通商贸易关系。十六、十七世纪时，欧洲资本主义原始积累时期的商人，就已经在中国广东、福建等沿海一带进行海盗式的劫掠活动。其中，葡萄牙商人于1557年通过欺骗与胁迫的方式，窃据了澳门；西班牙传教士1575年来到福建；1601年荷兰人、1637年英国人先后来到中国。其中，英国东印度公司在中国对外贸易中占据绝对优势。

东印度公司创立于1600年，是英国侵略远东的巨大殖民地机构。它有"皇家特许状"，有军队和舰队，"除了在东印度拥有政治统治权外，还拥有茶叶贸易、同中国的贸易和对欧洲往来的货运的垄断权"。直到1834年取消专利权之前，东印度公司一直垄断英国对华贸易。

东印度公司成立后，就开始寻求对华贸易渠道，以便拓展其羊毛织物销售市场。但是，由于明清政府的限制以及中国国内的动乱，公司的船只只能在沿海的澳门、厦门、台湾，还有越南的河内等地进行少量的贸易活动。直到1685年，因清政府的解禁，英国东印度公司才取得了在广州开设商馆的权利。与此同时，中国的茶叶也开始进入英国，饮茶之风逐渐遍及英伦。1689年，东印度公司从厦门进口了第一批茶叶。此后，到十八世纪后期，茶已经成为英国每家每户必不可少的饮料。中国茶叶出口到英国的数量骤然上升，特别是在1784年英国为了消灭茶叶走私，并与欧洲各国在茶叶贸易上竞争，将茶叶进口税从百分之一百一十九减至百分之十二点五以后，贸易额更是成倍增长。

进入十八世纪后，茶叶贸易的高额利润促使东印度公司日渐扩大在华茶叶贸易，对内严禁私人茶叶贸易行为，对外极力排斥他国竞争，力图将茶叶贸易变为公司专营的垄断项目，而英国东印度公司自身则日渐成为中国茶叶在欧洲市场的代理商。茶叶生意的发展，激发了英国对中国其他商品的兴趣，由此推动了中国的丝织品、棉织品与瓷器大量出口至英国。中英

水路运茶图，广州，约1800年

茶叶及丝棉织品等贸易的发展，为英国资本主义的发展积累了大量的资金。据统计，东印度公司每年仅从茶叶贸易中获得的利润为一百至一百五十万镑。而茶叶贸易的真正得益者是英国政府。1820年英政府的茶税收入为三百万镑，1833年为三百三十万镑，1836年为四百六十万镑，占英国国库总收入的百分之十六左右。

尽管如此，英国东印度公司在国内还是受到了严厉的批评，原因是由于贸易长期逆差，导致英国的白银大量流入中国。东印度公司也一直在设法解决这一难题，甚至在广州不惜亏本削价销售英国的毛织品。但是，以自然经济为基础的中国社会，对西方大工业品却无所需求，而且自给自足的封建经济，对西方资本主义工业品还有着本能的顽强的抵抗力。这样一来，英国运到广州的毛织品、印花布、棉纱、天鹅绒销路不畅，连连亏本。连英国商人自己都哀叹在中国"销售英国棉制品的时代还没有到来"。而中国的丝、茶、棉、麻、瓷器等农副产品和手工业品，却为国际市场所需要；加之清政府闭关锁国政策，中国在中外贸易中一直居于贸易顺差的地位。

为了打破清政府的闭关锁国政策，改变对华贸易的不利状

运载礼物的马戛尔尼使团（丝织挂毯）

况，英国资产阶级采取了两种手法：一是强力交涉，一是偷运鸦片。1793年，英国派使臣马戛尔尼来到中国，要求面见清朝皇帝，只因觐见礼节的纠葛，未获允许，英国所提出开辟天津等地为商埠、割取浙江沿海岛屿等损害中国主权、领土的无理要求，均遭拒绝。乾隆皇帝在给英国国王的信中说："天朝物产丰盈，无所不有，原不借外夷货物以通有无。"这是拒绝英国无理要求的经济原因，也说明了自然经济对资本主义大工业经济无所需求的状况。1816年，英国又派阿美士德为使臣来华交涉，要求清政府放宽对广州贸易的限制，允许开通广州以北的港口，并提出驻使北京。到北京后，由于在觐见皇帝时跪叩行礼问题上的分歧，他被嘉庆皇帝即日遣回，所提要求一概拒绝。清政府即严令地方官员以后不准外国使节进京。英国通过外交途径无法达到扩大贸易的目的，退而寻求更为卑劣的手段，通过偷运鸦片进入中国获取更高的利润。

禁烟运动

鸦片，学名罂粟，俗称大烟，是用罂粟汁液熬制而成的麻醉毒品，原产于南欧、小亚细亚，后传入阿拉伯、印度和东南亚等地。因为它有催眠、镇静、止痛等功效，自明代以来一直作为药材征税进口。十七世纪，吸食鸦片烟的恶习，从南洋传

英国东印度公司鸦片制造厂仓库

入中国。由于鸦片有强烈的麻醉功能，一旦吸食成瘾，便难以断绝，所以很快就作为吸食毒品流传。自十八世纪以来，英国商人输入中国的鸦片，平均每年达二百箱左右。1757年英国殖民者占领了印度的鸦片产地孟加拉后，更是开始疯狂地发展对华鸦片贸易。十年后，英国输入中国的鸦片就达到了一千箱。1773年，英国在印度的殖民政府制订了大量种植及向中国大量贩卖鸦片的政策，并给予东印度公司制造和专卖的特权。东印度公司因此得以十倍于成本的垄断价格将鸦片卖给私贩，后者又以百分之五十以上的获利率在中国进行销售，赚取暴利。这些鸦片烟贩从每箱鸦片中所赚取的纯利，最多时可达一千元。因此，尽管清政府屡颁禁令，但英国烟贩不顾中国禁令，加紧鸦片走私。

从十九世纪起，鸦片开始大量流入中国。据不完全统计，十九世纪最初的二十年，英国自印度输入中国的鸦片每年平均约为四千余箱。而1838—1839年时却达到三万五千五百箱。罪恶肮脏的鸦片贸易，给英国资产阶级带来了巨大的利益。它一方面扩展了英国在印度的市场，另一方面又开辟了英国在中国的市场。英国在印度大量销售棉纺织品及其他工业品以购买鸦片，然后再用这些鸦片到中国换取它所需要的丝、茶等物。在英——印——中即纺织品——鸦片——丝、茶这个三角贸易关系中，英国资产阶级获取了双重的利益。

随着鸦片贸易的不断升级，中、英之间的贸易逐渐发生变化。英国由原来的入超变为出超，而且这种差额呈现逐渐扩大的趋势。从十九世纪三十年代起，鸦片在英国出口中国货物的总值中，占了一半以上。英国通过鸦片每年从中国掠走的银元达数百万之多。

鸦片的大量输入及其泛滥，给中国带来了深重的灾难。随着鸦片走私数量日益增加，烟害的范围从东南沿海一带扩大到内地十几省。吸食鸦片之风，由达官贵族殃及到绅商以及军队

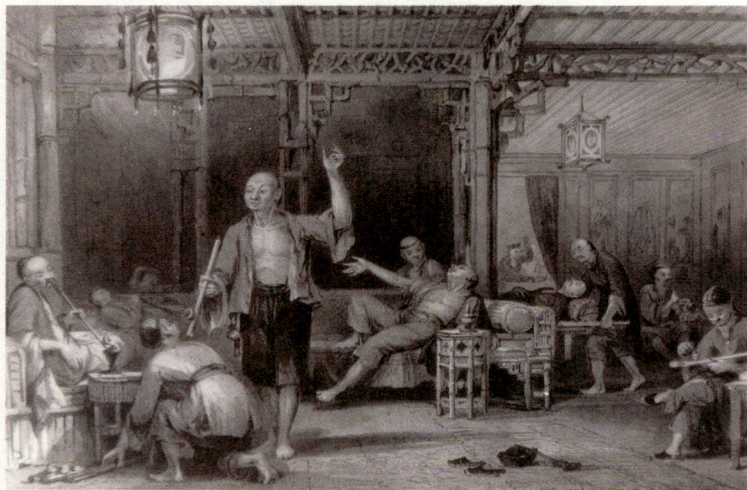

吸食鸦片的中国人

官兵，烟民的数量越来越多。据1835年的估计，全国吸食鸦片的人数达到二百万人之多。鸦片是一种慢性的杀人毒药，对吸食者健康和精神生活都有严重的损害。魏源指出：鸦片"槁人形骸，蛊人心志，丧人身家，实生民以来未有之大患，其祸烈于洪水猛兽"。连英国人蒙哥马利·马丁也说："同鸦片贸易比较起来，奴隶贸易是仁慈的；我们没有摧残非洲人的肉体，……没有败坏他们的品格，没有腐蚀他们的思想，没有扼杀他们的灵魂。可是鸦片贩子在腐蚀、败坏和毁灭了不幸的罪人的精神世界以后，还折磨他的肉体。"

　　鸦片泛滥还严重威胁到清王朝的统治，阻碍中国经济的发展。首先，白银的大量外流，使各地税收困难，国库储备日益减少，财政危机日趋严重。1821年到1840年间，中国白银外流至少在一亿元以上。第二，鸦片输入使清朝吏治更加腐败。官员利用鸦片走私和禁烟缉私牟取暴利。第三，鸦片输入造成工商业的萧条和衰落。因种植罂粟的利益数倍于种植小麦，十倍于种稻，因此大片良田被改种罂粟。第四，清军官兵中吸食鸦片者广泛存在，使清政府军队的战斗力日益衰竭。

鸦片输入在经济、政治上造成的灾难性后果，使得人们禁烟的呼声日趋强烈。在清政府内部，也有不少有识人士力主禁烟，如朱嶟、许球、林则徐、黄爵滋等。1836年9月，朱嶟奏请严禁鸦片。他指出，鸦片不仅使民弱无可救药，而且营伍官兵一经沾染，"烟瘾来时，手足瘫软，涕泪交流，又安能勤训练而成功劲旅乎"？朱嶟强调，各省封疆大吏如能督率文武官员，"实力搜查，认真擒捕，取其正者，置之严刑"，禁烟一定能够取得成效。1838年7月至9月，林则徐三次上奏道光皇帝，赞成禁烟主张，并大声疾呼："若犹泄泄视之，是使数十年后，中原几无可以御敌之兵，且无可以充饷之银。兴思及此，能无股栗！"兵和饷是清朝统治者的命根子。如果"无兵"可使，无银"充饷"，那将是个多么严重的局面！林则徐的话击中了要害。道光皇帝从维护封建统治出发，决定采纳严禁鸦片的主张，派林则徐为钦差大臣，前往广东厉行禁烟。

　　1839年3月，林则徐到达广州。他在两广总督邓廷桢的支持下，严令捕拿烟贩，惩办受贿官吏，限期令外国商人交出鸦片。他宣布：外船进口，必须具结，保证"永不敢夹带鸦片。如有带来，一经查出，货尽没收，人即正法，情甘服罪"；并严肃表示禁烟的决心："若鸦片一日未绝，本大臣一日不回，誓与此事相始终，断无中止之理。"英国驻华商务监督查理·义律极力破坏禁令，阻止英商交烟具结，指使停泊在珠江口外的鸦片船逃避，并准备武装挑衅。林则徐坚决打击义律的破坏活动，下令暂停中英贸易，派兵严守英国商人居住的商馆。义律不得已，命令英商缴烟，保证烟价由英国政府赔偿。英国鸦片贩子被迫交出鸦片二万余箱，美国鸦片贩子也缴出一千五百余箱。

　　6月3日，林则徐下令将缴获的鸦片二百多万斤，集中到虎门，当众给予销毁。这就是历史上著名的虎门销烟。其方法是：先派人在虎门海滩的高处挖好两个长宽各十五丈的池子，池底平铺石条，四周打桩以防渗漏，前面通海设一涵洞，后面通有水沟。销烟时引水入池，然后将鸦片抛入水中，浸泡后再投入生石灰，顿时如汤沸腾，然后用铁锄、木

虎门炮台的火药缸

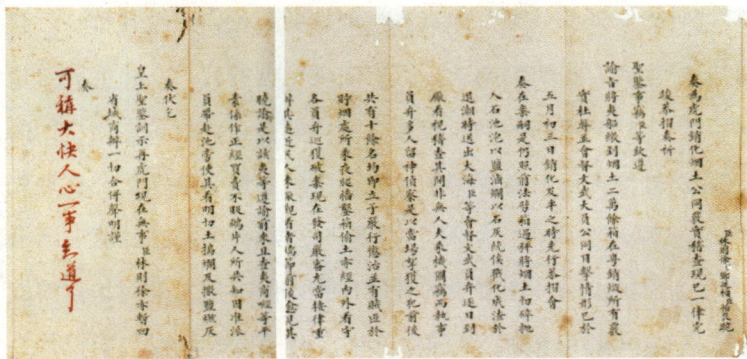

林则徐等关于虎门销烟的奏折

耙上下搅动，以使鸦片充分溶化。退潮时启放涵洞，鸦片渣滓随潮水冲入大海。销烟持续了二十多天，每天前来观看的人群如潮，人们欢欣鼓舞，拍手称快。外国商人和鸦片贩子们原以为中国人不会焚毁一两鸦片的，大部分鸦片一定会被偷去。但是他们在观看虎门销烟之后，也不能不钦佩林则徐禁烟的认真和彻底。

鸦片战争

1839年8月，中国禁烟的消息传到了英国，引起大英帝国工商界一片哗然，英国资产阶级及鸦片贸易集团立即叫嚣发动对华战争。他们把中国禁烟运动看成一个发动战争的好借口，散布"对于中国和对于一切软弱的政府一样，勇敢地使用武力，可以收到意外的效果"等富有挑衅性的言论，甚至宣称："我们向中国政府提出的要求，只有表现充分的武力，才能有希望得到。"1839年10月初，英国召开内阁会议，讨论侵略中国的问题。外交大臣巴麦尊表示：对付中国的惟一办法，"就是先揍它一顿，然后再作解释"，主张立即调遣军舰封锁中国沿海。为保护英国资产阶级的利益，英内阁决定发动对华侵略战争。1840年1月16日，英国女王维多利亚发表演说，胡说什么中国禁烟使英商蒙受巨大损失，并影响她的"尊严"，明确支持发动战争；4月7日至9日，英国议会就对华战争问题进行了激烈辩论，通过了对华战争方案，随即组成以懿律为司令的所谓"东方远征军"，出动船舰四十八艘，军队四千多人，大炮五百四十门，发动了侵略中国的战争，史称鸦片战争。

1840年6月，英国舰队开到广东海面挑衅，鸦片战争正式爆发。由于广州军民早有准备，并严阵以待，英军见无隙可乘，随即改变侵略计划，转而攻击福建厦门，结果被驻守总督邓廷桢击败。见福建厦门难以得手，英军继续沿海北上。由于其余沿海各省防务空虚，因此从浙江到直隶，英军几乎没有遇到强大的抵抗。7月5日，北犯英军攻陷浙江定海，并一路烧杀掠夺。8月，英国侵略者闯入天津海口，直接向清王朝施加军事压力，递交照会，扬言如果不能满足要求，必然发动无休止的战争。侵略者的叫嚣，吓坏了清政府内的投降派，他们立即向

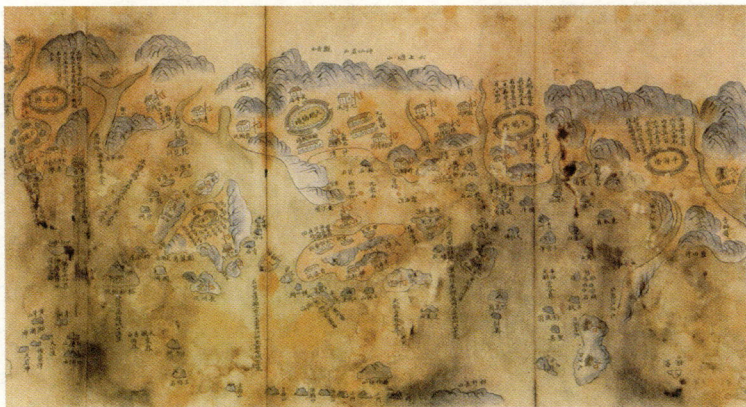

广东水师驻防图

道光皇帝进谗言，说什么"夷兵之来，系由禁烟而起"。侵略军的大炮和投降派的谗言，使本来对禁烟就没有多大决心的道光皇帝很快转到妥协立场。8月20日，也就是接到英国照会的第二天，道光皇帝指责林则徐禁烟"措置失当"，必当"重治其罪"，并派琦善前往天津海口，与英军谈判。奴颜婢膝的琦善，一面散布英军船坚炮利，难以取胜等论调，一面在谈判中向懿律献媚，大骂林则徐"办事不善"，还私下对懿律表示，只要英军退出广东，一切问题都可以在广州谈判中获得满意的解决。于是，英军同意南撤。

12月初，清政府代表琦善与英军代表义律开始广州谈判（这时懿律已生病回国）。义律所提的侵略要求，琦善几乎全部接受，惟对割让香港一事，表示不敢作主，但保证向皇帝代

35

三元里抗英民众的三星旗

为"请求"。还未等他请求，1841年1月7日，英军突然袭击珠江口沙角、大角炮台。在武力的威逼下，琦善赶忙向义律求和。义律提出《穿鼻草约》，并单方面公布。《草约》包括割让香港，开放广州，赔偿烟价六百万元等。道光皇帝知道条约内容后，感到严重损害了"天朝皇威"，一气之下将琦善革职查办；同时，严令奕山迅速会集各路官兵进剿。贪生怕死的奕山无法抵御英军的入侵，很快答应再次与英国侵略者谈判，并订立《广州和约》，规定奕山等所有外省清军于六日内退出广州城六十里以外，赔款六百万元。

与清政府软弱无能形成鲜明对比，中国人民在抗击凶恶的外国入侵者时，表现出无比的英勇。三元里抗英斗争，就是中国近代史上人民群众第一场勇敢的反侵略战斗。1841年5月29日，当盘踞四方炮台的小股英军，窜到广州城北五里的三元里，进行抢劫并侮辱妇女时，村民鸣锣告警，并群起而攻击，当场打死英军数人。英军见势不妙，狼狈而逃。5月30日，三元里和附近各乡义勇约五千人，向英军占领的四方炮台围攻。这一仗，三元里人民以自己的机智与勇敢，沉重地打击了侵略者的嚣张气焰。

一面是人民群众的英勇抗争，一面却是统治者的苟且偷安。侵略者识透了清政府腐败无能的本质，因而变本加厉地推行侵略步伐。1841年4月英国政府得知《穿鼻草约》的内容，认为并未达到侵略目的，于是在内阁会议上否决了《穿鼻草约》，派出军舰二十六艘、陆军三千五百人北犯。8月26日，鼓浪屿和厦门相继失陷。至10月13日，浙东连失定海、镇海、宁波三城。此后，英军一路北上，直插南京江面。1842年8月上旬，英军舰船七十六艘，先后侵入南京江面，摆开阵势，架列大炮，宣称将开炮攻城。早已被吓得魂飞魄散的道光皇帝立即派代表向英国侵略军求和。8月29日，清政府议和代表按照英国侵略者提出的条件，在南京江面的英国军舰上与英代表签订了丧权辱国的《南京条约》。至此，鸦片战争以清政府的失败而告终。

国门洞开

《南京条约》是中国近代史上第一个不平等条约，也是把中国变成半殖民地半封建社会的第一个条约。条约规定：（1）割让香港岛给英国；（2）开放广州、厦门、福州、宁波、上海为通商口岸；（3）赔款2100万元，其中鸦片费600万元，商欠300万元，军费1200万元，分四年付清，《广州和约》的赎城费

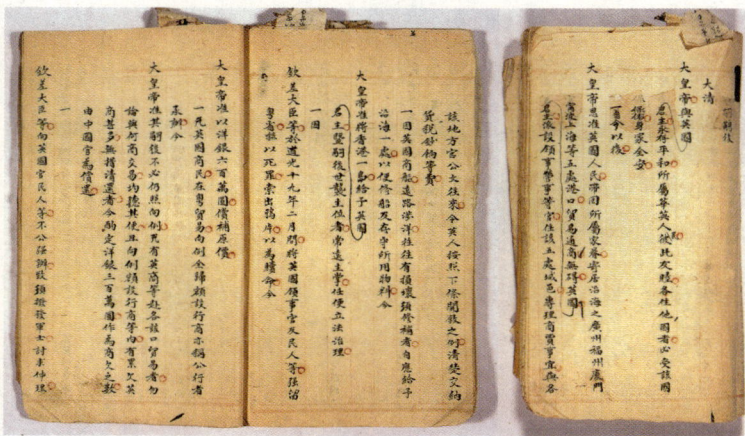

中英《南京条约》抄本（局部）

600万元不包括在内；（4）英商"应纳进口出口货税、饷费，均应秉公议定则例"，开了协定关税的恶例，使中国丧失关税自主权。

1843年7月22日、10月6日，英国又强迫清政府签订《五口通商章程及海关税则》和《五口通商附粘善后条款》，即《虎门条约》，作为《南京条约》的补充。通过《虎门条约》，英国又取得了以下重要特权：（1）英国在中国享有领事裁判权，即英国人在中国犯罪时，由英国领事按照英国法律处理，不受中国法律的制裁；（2）进出口货物的关税税率值百抽五，中国不能自由变更；（3）英国在中国享有最惠国待遇，即中国将来给予其他国家任何权利，英国人可以"一体均沾"；（4）英国军舰可常驻通商口岸港口；（5）英国人可在通商口岸租赁土地，建房居住。

《南京条约》签订以后，其他资本主义国家趁火打劫、接踵而来。1844年7月3日，在美国武力的胁迫下，钦差大臣、两广总督耆英与美国专使顾盛签订了《望厦条约》。10月24日，耆英又跟法国专使拉萼尼签订了《黄埔条约》。美、法两国不仅同样取得了《南京条约》和《虎门条约》中除割地、赔款外的一切特权，而且还获得了新的特权。如《望厦条约》扩大了领事裁判权的范围，不仅美国人与中国人之间的刑事或民事案件，而且美国人与其他外国人在中国发生的一切诉讼，都由美国领事审理，中国官员不得过问。协定关税则从《南京条约》的"秉公议定"税率确定为"须合众国领事等官议允"。美国还取得在通商口岸建立教堂、医院等特权。《黄埔条约》特别规定，"倘有中国人将佛兰西礼拜堂、坟地触犯破坏，地方官照例严拘重惩"。随后，法国又胁迫清政府同意取消对天主教的禁令，准许他们在各通商口岸自由传教。基督教也跟着获得同样的权利。从此，西方各国的传教士，随着鸦片和商品一起，纷纷窜入中国。

《南京条约》等一系列不平等条约的签订，是欧美资产阶级强加在中国人民身上的锁链。从此，中国在西方资本主义的强力驱使下，被卷进了世界资本主义的漩涡，门户洞开。随着外国资本主义的入侵，中国社会的性质发生了质的变化，逐步沦为一个半殖民地半封建国家。随着社会主要矛盾的变化，中国逐渐开始了反帝反封建的资产阶级民主革命。正因为如此，鸦片战争成为中国由封建社会逐渐沦为半殖民地半封建社会的起点，成为中国近代史的开端。

第三章

师夷长技

1840年英国发动的第一次鸦片战争，打开了中国的大门，也惊醒了中国的爱国知识分子。他们开始抛弃虚骄自大的陈腐观念，从"天朝上国"的迷梦中醒来，开眼看世界，探索新知识，关心时局，寻求强国御侮之道。林则徐、龚自珍、魏源、徐继畬等人成为中国第一批开眼看世界的人。他们"创榛辟莽，前路先驱"的探索，迈出了近代中国向西方学习以御侮图强的第一步，开创了近代中国向西方学习的新风。

开眼看世界

在晚清进步思想家中，林则徐不仅是反抗外国侵略的爱国主义的主要代表人物，也是近代中国开眼看世界的第一人。

　　林则徐（1785—1850），字少穆，福建侯官人，嘉庆进士。他自幼聪明好学，除了熟读儒家著作外，还阅读了哲学、历史、文学、水利等方面的书籍，对李纲、岳飞、文天祥、郑成功等人十分敬佩。他先后担任过浙江杭嘉湖道、盐运使、江苏按察使、江宁布政使、两江总督、湖广总督、云贵总督等职。他在任地方官期间，关心体察民情，对漕务、盐政、救灾和水利等关系国计民生的要政都有认真研究，并采取各种措施，革除弊病，帮助人民解除困难。他为官清廉，勤于职守，循法秉公，被老百姓誉为"林青天"。鸦片战争爆发后，昏庸的道光皇帝听信谗言，将林则徐发配到新疆伊犁。途中他写下了"苟利国家生死以，岂因祸福避趋之"的悲壮诗句。1850年，朝廷任命在家养病的林则徐为钦差大臣赴广西进剿反清起义军，他抱病起程，途中死于广东普宁行馆，终年六十六岁。

　　林则徐是我国近代史上杰出的民族英雄。面

林则徐像

对鸦片输入给我国造成的严重危害，他极力主张禁烟。自1838年底到1839年初，道光皇帝先后八次召见林则徐，听取他对禁烟的主张，并任命他为钦差大臣，前往广东查禁鸦片，节制全省水师。1839年3月，林则徐到达广州后，他与两广总督邓廷桢、广东水师提督关天培等人合作，积极整顿海防，防御外国入侵，严拿烟贩。林则徐派兵包围商馆，断绝广州与澳门的交通，并下令暂停中英贸易。他主持的虎门销烟震惊中外，沉重打击了外国侵略者的气焰，捍卫了中华民族的尊严。

林则徐，不仅是鸦片战争时期禁烟运动的著名首领，而且是近代中国最早注意了解西方资本主义国家情况的先进人物，是中国近代史上开眼看世界的第一人。为了"采访夷情"，他到广州后不久，即组织一批当时还很少有的通晓外文的人才，从外国报刊上搜集有关的资料编译成《澳门新闻稿》，并"日日使人刺探西事，翻译西书"。在他到广州后的两年时间里，即使到后来被革职后，组织翻译西书西报的工作一直坚持下来没有中断过。他除了根据编译成的外国报刊汇编《澳门新闻稿》，分类整理为专题式的报导资料《澳门月报》外，还请人译述英国人慕瑞的《世界地理大全》，将它编辑整理成《四洲志》。《四洲志》是我国第一部比较系统的世界地理大观，它介绍了世界五大洲三十多个国家的地理和历史概况。此外，他还组织有关人员摘译西方报刊上的议论中国的资料辑成《华事

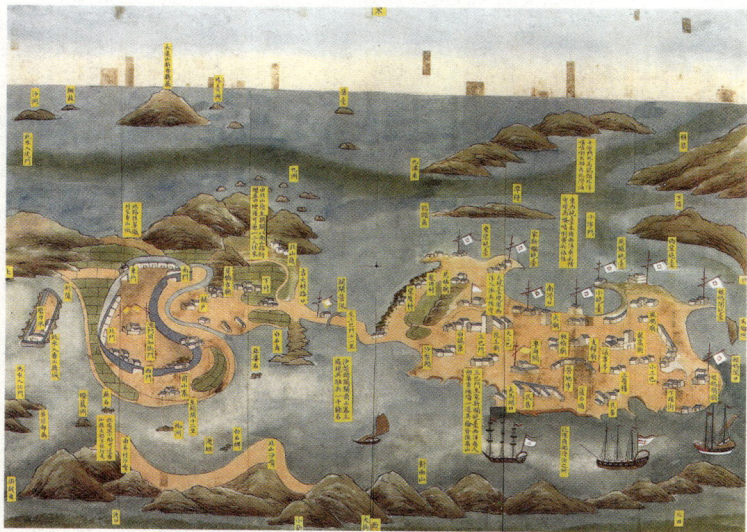

澳门全图

夷言》；摘译瑞士人瓦特尔关于国际法的著作编成《各国律例》（或译作《万国公法》）；又摘译英国僧侣地尔洼的《对华鸦片贸易》等书。通过这些翻译过来的西方著述和资料，林则徐了解到不少"夷情"，并据此制定了"控制之方"，也就是针锋相对的斗争策略。后来林则徐被革职查办后给新来广州的奕山所提的建议中还特别强调说：从外国报刊书籍翻译过来的资料，"其中所得夷情，实为不少，制驭准备之方，多由此出"。例如瓦特尔的著作《国际法》，强调国家主权，其中包括"一个国家拥有禁绝外国货，没收走私货，以及进行战争的权利"等相当广泛的内容，就为林则徐提出的要求外国鸦片商在缴出全部鸦片后必须出具声明"嗣后来船永不敢夹带鸦片，如有带来，一经查出，货尽没官，人即正法，情甘服罪"的做法提供了充分的国际法的法律根据。不仅如此，他还请人翻译西方关于大炮瞄准法等武器制造方面的应用书籍，以学习外国的先进军事技术，改进和提高清朝军队的武器和作战能力。林则徐的这种了解"夷情"，学习西方先进科学技术以抵抗外来侵略的思想，也就是魏源后来在《海国图志》中所概括的"师夷长技以制夷"。这与一般封建官僚闭目塞听、故步自封的保守思想恰成鲜明的对照。当时的外国人即有评论。他们说："中国官府全不知外国之政事，又不询问考求，故至今中国仍不知西洋，……中国人果要求切实见闻，亦甚易，凡老洋商之历练者，及通事、引水人，皆可探问，无如骄傲自足，轻慢各种蛮夷，不加考究。惟林总督行事，全与相反，署中养有善译之人，又指点洋商、通事、引水二三十位，官府四处探听，按日呈递，亦有他国夷人，甘心讨好，将英吉利书籍卖与中国。林系聪明好人，不辞辛苦，观其知会英吉利国王第二信，即其学识长进之效验。"

　　林则徐迈出"师夷长技"的第一步，使他成为近代中国"开眼看世界之第一人"。尽管这一步走得还很小，且有许多不足之处，却是艰岖长路的极其宝贵的开端。林则徐"开眼看世界"，掀起了中国有识之士向西方学习的新思潮。在林则徐的影响和促动下，魏源、姚莹、徐继畬等人著书立说，向西方学习。

"末世"呐喊

龚自珍生活在清王朝由盛到衰的嘉庆、道光年间，内忧外患使清王朝的封建大厦行将崩塌。面对清王朝"日之将夕，悲风骤至"的衰世，龚自珍发出了"末世"的呐喊。他第一个站出来对清代政治作了深刻批判，大声疾呼衰世已到，劝诫清廷改革自强。他是地主阶级改革派的思想家，是开晚清议政风气的一代宗师。

龚自珍（1792—1841），字璱人，号定盦，又名巩祚，浙江仁和（今杭州）人。出生于仕宦之家，其祖父、父亲都曾在京做官。他二十三岁随父亲到徽州，在地方上了解到吏治的腐败，曾写文章加以揭露。他于1818年中举，此后五次参加会试都落选，在考场上很不顺利。1819年，他和魏源在北京曾向今文经学家刘逢禄学习今文经学，专攻《春秋公羊传》，而且以今文经学治学方法来研究历史，阐明社会发展的趋势，奠定了他变革主张的理论基础。他的思想为后来康有为等人倡公羊之学以变法图强开了先声。1821年官内阁中书，任国史馆校对官。1829年中进士，仍任内阁中书原职，后又任礼部主事、宗人府主事。他一生"困厄下僚",不得志于"宦海",曾在清中央政府担任"闲职"二十年。1839年因得罪了权贵,便借故辞职回乡。晚年在丹阳县云阳书院、杭州紫阳书院教书。他曾支持过林则徐查禁鸦片,并建议林则徐加强军事设施,做好抗击英国侵略者的准备。1841年7月病故于丹阳。他是晚清著名的思想家、政论家、史学家。他的著作,后人编为《龚自珍全集》。

龚自珍十分关注社会现实问题,对清王朝的吏治腐败和黑暗进行了揭露和抨击。在一片歌功颂德声中,龚自珍敏锐大胆而又深刻地向人们描绘出一幅清王朝急剧走上衰落的图景。他认为当时的社会已到了"日之将夕,悲风骤至"的衰世,如同行将萎落的花朵。他还针砭时弊,辛辣地抨击清政府的吏治腐败:"不论盐铁不筹河,独倚东南涕泪多。国赋三升民一斗,屠牛哪不胜栽禾?"他指出,在京城里,为官的尽是些因循守旧、无所作为的平庸之辈,他们被委以重任,享受高官厚禄。在地方,官吏、幕僚、师爷、狱吏把持着司法大权,残酷地压榨迫害百姓。他们像豺狼那样盘旋着,像猫头鹰那样死盯

龚自珍《定盦全集》

47

住你，像毒藤那样到处伸展，像苍蝇那样繁殖。他们这批人横行霸道，飞扬跋扈，反映了地方上司法制度的黑暗。在官僚集团中，有权势的只"知车马、服饰、言词捷给而已，外此非所知也"；没有权势的闲员，便练书法，吟诗作赋，苟且偷安。这些官僚不仅平庸无能，而且大多是些寡廉鲜耻之流。因此，他把当时的社会比作满身疥癣的病体，已到了无法治疗的程度。他对清王朝专制制度下所表现出的死气沉沉的政治局面表示强烈的不满："九州生气恃风雷，万马齐暗究可哀。我劝天公重抖擞，不拘一格降人才。"龚自珍的诗文，从不同角度、层面揭露、讥讽封建吏治制度的黑暗与腐败，表达对社会发展前景的深深忧虑之情。与此同时，龚自珍从封建末世的黑暗和吏治的腐败中，预感到社会动荡和变乱为期不远了。他认为物极必反，社会郁积的问题愈多、愈久，其"发之也必暴"。当清王朝统治者们尚沉醉于歌舞升平的假象中的时候，龚自珍却清醒地向世人敲响了风暴即将来临的警钟。

龚自珍在无情地揭露清王朝的腐朽、黑暗、没落的同时，主张进行社会改革。他认为："自古及今，法无不改，势无不积，事例无不变迁，风气无不移易。""一祖之法无不弊，千夫之议无不靡，与其赠来者以劲改革，孰若自改革？抑思我祖所以兴，岂非革前代之败也？前代所以兴，又非革前代之败也？"他引用《易》中"穷则思变，变则通，通则久"，批判反对改革的顽固派，认为"天不变，道亦不变"的观念应当放弃。他针对当时的"弊政"，提出较为丰富的更法、改制思想，希望在维护封建制度的基础上实现某些社会变革。在政治上，他主张修礼仪，整顿吏治，改善君臣关系，适当限制皇权和提高臣僚的权力。在经济上，他主张"田相齐"，抑制封建豪强地主兼并土地，减轻赋税，兴修水利，发展城乡商品经济；在文化教育上，他主张取消八股文，改为策论，破格选拔人才；提倡妇女参加农业劳动，废除妇女缠足恶习；在外交上，他以强烈的爱国主义精神，主张坚决反抗外国资本主义侵略，积极支持林则徐的广州禁烟，要求加强边防海口，以军事力量为后盾抵御外侮，等等。所有这些主张，在当时都有一定的积极意义。

　　龚自珍作为清末地主阶级的进步思想家，其思想的最可贵之处在于他的批判精神和变革精神。他在揭露社会的黑暗，抨击封建官僚体系的腐败方面，确实起到了振聋发聩的作用。他对社会的讥评，对社会现实问题的研究，打破了由于清王朝的高压政策所造成的思想文化界的沉寂局面，开创了晚清思想解放的风气。但是，应当指出的是，他对封建专制制度的批判和对吏治黑暗的揭露，以及提出的更法、改制的建议，目的还是为了巩固封建统治，而不是反对和否定封建制度本身。因此，这些枝节的补救和改良，只能是在治国平天下的封建正统思想体系里打转转。

师夷长技

鸦片战争的失败，强烈地震撼了妄自尊大的清王朝，也强烈刺激和激励着地主阶级改革派去探索强国御侮的途径和"驭外夷"的办法。魏源在前人的基础上编撰的《海国图志》，不仅提出了"师夷长技以制夷"的主张，而且以其丰富的内容成为东方各国了解西方的经典。

魏源像

魏源（1794—1857），原名远达，字默深，湖南邵阳人，出身于官僚地主家庭。1814年随父来到北京，1819年他和龚自珍一起师从刘逢禄学习今文经学。两人志趣相投，感情甚笃，世称"龚魏"。1822年，魏源中举，此后便做幕僚，注重研究社会经济问题，在漕运、盐政、水利方面颇有见地和筹划能力。曾受江苏布政使贺长龄延聘，编辑《皇朝经世汇编》。早在鸦片战争前，他就对英国侵略者把鸦片强加于中国表示强烈的不满，认为鸦片贸易是使中国民穷财尽的重要原因，主张严禁鸦片的输入。鸦片战争中，他在两江总督裕谦幕府中，亲自参加了抵抗英国侵略者的斗争，并写出《圣武记》激励统治者振兴武备，抵御侵略。鸦片战争失败以后，强烈的爱国主义精神，激励他探索御敌之道。1844年魏源编撰了《海国图志》。这部书在当时的中国和东方都是划时代的世界史地巨著，成为东方各国了解西方的经典。魏源的强国御侮的思想主要反映在这部著作中。

魏源的《海国图志》是在林则徐所辑西方史地资料《四洲志》基础上编辑而成的。1841年林则徐被革职，充军到新疆的途中，在京口（今镇江）遇见了魏源，林则徐将《四洲志》稿子交给魏源，嘱咐他撰写一本介绍海外各国情况的书。他没有辜负林则徐的期望，于1844年完成了《海国图志》的编纂工作。该书原为五十卷，1847年魏源又将其增补为六十卷本，刊于扬州；到1852年又扩编为一百卷。这在当时是一部由中国人自己编写的最为详备的关于世界各国地理、历史概况和社会现状的巨著。《海国图志》百卷本，除了以《四洲志》为基础外，先后征引了历代史志十四种，中

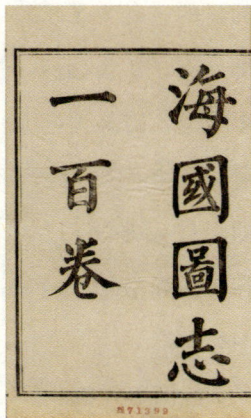

魏源《海国图志》

外古今各家著述七十多种，另外，还有各种奏折十多件和一些亲自了解的材料。值得注意的是，其史料来源还有如英人马礼逊的《外国史略》、葡萄牙人马吉斯的《地理备考》等外国人的著述二十种左右。这本书，把一个真实的世界展现在中国人眼前，使人们知道了五大洲、四大洋，从而切实改变了传统的以中国为世界中心的华夷秩序观念。梁启超赞誉说："中国士大夫之稍有世界地理知识，实自此据。"张之洞称，《海国图志》"是为中国知西欧之始"。

"师夷长技以制夷"，是贯穿于《海国图志》的一条红线，也是魏源编纂《海国图志》的根本目的。在该书的序中，魏源非常明晰地指出："是书何以作？曰：为以夷攻夷而作，为以夷款夷而作，为师夷长技以制夷而作。"这就是说，写书的目的，是为了了解"夷情"，帮助人们习其"长技"，以抵御外侮，振奋国威。这给那些妄自尊大，把西方先进的科学技术视为"奇技淫巧"，盲目排外的顽固守旧派，击一猛掌。针对顽固守旧派对西学的责难，他鲜明地指出："有用之物，即奇技而非淫巧。"对付外国侵略者，不能"舍其长，甘其害"，而必须"塞其害，师其长"，只有"善师四夷者，能制四夷"。

魏源不仅提出了"师夷长技以制夷"主张，而且还提出了"驭外夷"的根本办法，即联合与英国有矛盾的国家，以牵制其力量，学习西方的先进科技，使中国在军事上赶上西方。他认为"夷"之长技有三："一战舰，二火器，三养兵练兵之法。"西方资本主义之所以富强，除了拥有一支装备精良的军队外，更重要的是有近代工业，中国要想富强起来，不仅要学习西方的养兵练兵之法，也应当着手建立近代工业。因此，他提出了强国御侮的具体方略，其中包括：设译馆翻译西书；聘请外国技师传授技术，请外国教官训练士兵；设立船政局、制炮厂，制造各种轮船和机器，并允许民间自由设厂。他认为如能"尽得西洋之长技，为中国之长技"，中国就会"风气日开，智慧日出，方见东海之民，犹西海之民"。这就是说，如果采取这些办法，中国就不必依赖于外夷，而能自强于世界民族之林，并相信中国人完全有能力把祖国建设成为一个富强、兴盛的国家。

主张变法革新，是魏源《海国图志》中的又一重要思想。他指出："天下无数百年不弊之法，无穷极不变之法"，"变古愈尽，便民愈甚"。他认为，单靠锐利先进的武器是不能抵抗侵略的，还必须解决社会内部的危机，"先平人心之患"。为此，他提倡经世致用的学风，指出必须"以实事求实功，实功求实事"。用重视和联系社会实际的态度、方法来治学办事，救国救民。他在探求内政和外交的关系时，认为外交上的失败是内政腐败的结果。因此，他还朦胧地意识到中国要想富强就必须改革内政。对此，魏源在《海国图志》中，较为详细地介绍和评说西方的民主政治制度。他认为西方政治制度的优点在于：废除了世袭制和终身制，打破了封建的家天下的局面；议员和总统自下而上地由民众选举，议会对于来自民间的意见，"众可可之，众否否之，……三占从二，舍独循同"。这在当时是很有胆识和远见的。尽管魏源并未提出什么切实的改革内政的方法，但他所提倡的这种关心民瘼、注重实际问题研究的学风，还是对后世产生了积极的影响。

《海国图志》中所阐发的"师夷"思想，对中国当时和后世都有相当大的影响。晚清的洋务派，就是受魏源"师夷"思想的影响，加以运用和发挥的。在洋务派之后，早期的资产阶级改良派（如冯桂芬、王韬等人）及后来的资产阶级维新派（如康有为、梁启超等人），也都深受魏源思想影响。

在国外，尤其是日本，《海国图志》也发生了深刻的影响。该书的日译本多达二十余种，在日本得到广泛的流传，这对打破日本幕府时代末期的锁国政策，以及掀起日本维新变革的思想起了启蒙作用。

向往民主

在向西方学习的先驱中，徐继畬不仅向国人介绍了西方的科学技术，还在《瀛环志略》中介绍了西方的民主制度，表达了对西方民主的向往。

徐继畲（1795—1873），字健男，号松龛，山西五台人。道光进士，历任翰林院编修、按察使、布政使、巡抚等职。他是中国近代开眼看世界的伟大先驱之一，又是近代著名的地理学家，在文学、历史学、书法等方面也有一定的成就。

在徐继畲的著述中，《瀛环志略》是最重要的一部。由于在广东、福建做官多年，徐继畲有机会接触外国人，广泛收集西方书籍。1848年，他撰成《瀛环志略》。该书分十卷，分装六册，总分图共四十四幅。书中先为总说，后为分叙，图文并茂，互为印证，对于各洲之疆域、种族、人口、沿革、建置、

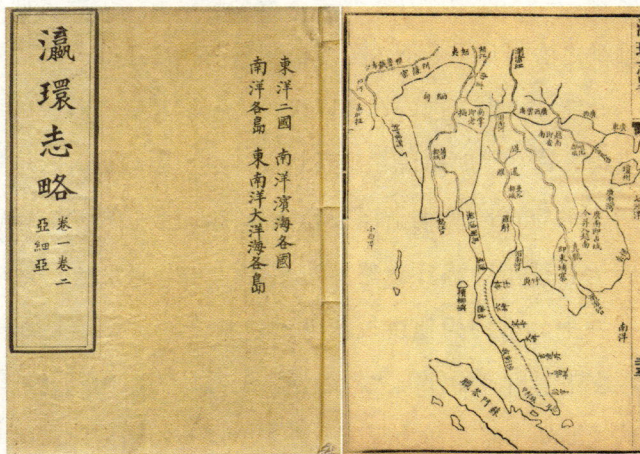

徐继畲《瀛环志略》

物产、生活、风俗、宗教、盛衰，以及各国之间的不同等，都有比较详细的介绍。与《海国图志》一样，《瀛环志略》也是近代中国人系统介绍世界史地知识的名著。其中对亚洲、欧洲和北美洲的介绍尤为详细，对中国人很少了解的南美洲、大洋洲和非洲也都有所记述。

徐继畬在《瀛环志略》中不仅介绍了西方的科学技术，还介绍了西方的民主制度。在叙述华盛顿领导美国人民取得了独立战争的胜利并建立资产阶级民主制度的同时，他认为美国的民主制度与中国人梦寐以求的"大同社会"的精神是一致的，并且评论说：美国"幅员万里，不设王侯之号，不循世及之规，公器付之公论，创古今未有之局，一何奇也！"又说："华盛顿，异人也……开疆万里，乃不僭位号，不传子孙，而创为推举之法，几乎天下为公，骎骎乎三代之遗意。"《瀛环志略》介绍并推崇美国的资产阶级民主制度和资产阶级革命的领袖人物，这在当时来说，确系首创，给予中国当时的思想界以及后来的资产阶级维新派以重大影响。资产阶级维新思想家康有为在读了《瀛环志略》之后才"知万国之故，地球之理"，并把此书列为他讲授西学的教材之一。梁启超在读了《瀛环志略》后"始知五大洲各国"，并认为中国研究外国地理是从《瀛环志略》和《海国图志》才"开始端绪"。这些维新思想家都从《瀛环志略》中汲取了营养，促进了他们进行资产阶级维新变法的实践。

《瀛环志略》在国外也引起了极大的反响。此书传往日本后，受到广泛重视，被认为是"通知世界之南针"，有助于他们的维新变法。1853年6月，浙江宁波府集《瀛环志略》书中有关介绍美国和推崇华盛顿的文字，镌刻赠送美国，被砌于美国首都华盛顿纪念塔第十级内壁上。后来，徐继畬的名字被美国收进了《世界名人录》。1998年，美国总统克林顿在北京大学的演讲中，专门提到徐继畬，高度赞扬他为中美两国人民相互了解所作出的贡献。

林则徐、魏源、徐继畬等人在中外形势发生急剧变化的情况下，为抵御外侮，创榛辟莽，积极探索救国救民的道路，提出了"师夷长技以制夷"思想主张。他们著书立说，抨击时弊，向中国人介绍西方国家的历史地理、政治制度和风土人情，成为近代中国第一批开眼看世界的先进人物，开创了近代中国向西方学习的新风。他们的这些活动，推动了当时中国人去了解、学习西方。以李鸿章、张之洞等人为代表的洋务派就是典型。在对西方世界和中国自身的认识上，很多开明的官僚和士大夫改变了传统"夷夏"观念，向西方学习科学技术再不被认为是"师事夷人"之举，而被看成是求强求富的重要手段；对西方的技术制造和各种器物再不被认为是"奇技淫巧"，而被看作是"制造之精"；中国再不是立足于世界"中央"的"天朝上国"，也不是孤立于世界之外的"华夏之邦"，而是世界各国的一员，并且是远远不如西方各国富强的一员。不论对世界还是对中国的认识都有了明显的改变。在此基础上中国早期的民族资产阶级思想家由学习西方的科学技术转向了学习西方的政治制度，推动了中国的近代化。

【第四章】
釜底抽薪

　　鸦片战争以后，随着西方资本主义的入侵，中国的民族危机和社会危机日益加深，广大农民的处境更加艰难。面对民族危机和地主阶级的残暴统治，农民阶级以自己特有的方式对国家的出路进行了探索。洪秀全领导的太平天国农民起义，沉重打击了清王朝封建统治，激励着中国人民的革命斗志，推动了历史前进。太平天国农民运动的业绩和功勋，在中国历史上写下了光辉不朽的一页。

金田狂飙

　　鸦片战争后，巨额的战争赔款，清政府全以捐税形式转嫁到民众身上。鸦片和外国商品的大量输入，逐步破坏了沿海通商口岸及其附近地区的传统手工业，使中国农村出现大批游民饥民。地主、官僚、贵族也加剧了土地的兼并，加以灾荒连年，使广大人民陷入失业、破产、饥饿、死亡的困境。农民的反抗斗争不断在各地发生，在鸦片战争后十年间，汉、苗、回、瑶、壮、彝、藏等族人民的起义达一百多起，广西、湖南等省的天地会起事声势尤盛。到1851年底，人民的反抗斗争汇成一股强大的革命洪流，这就是洪秀全领导的太平天国农民起义。

洪秀全（1814—1864），广东花县人，是一个农民家庭出身的知识分子，做过村塾教师，对于农民的痛苦和要求有较多的了解。他曾经几次到广州应考秀才，但都没有考取。多次科场失意，使洪秀全愤懑不平。就在1843年最后一次应试落第后，他阅读了传教士梁发的基督教布道小册子《劝世良言》，并加以附会解说，按照书中的启示，祈祷上帝，自行施洗，开始从事传教活动。他劝人只拜上帝，不拜祖先、邪神，不行恶事。他的同学、塾师冯云山和族弟洪仁玕等最早接受了他的宣传，并将村塾中供奉的偶像和孔子牌位尽行撤去。这一行动违背了传统的风俗伦常，引起当地有势力者的不满，他们也因此失去了塾师的职位。

1844年，洪秀全、冯云山离开家乡去广西，在农民中进行宣传组织活动。不久，洪秀全回到花县，一面教书，一面传教，并写了《原道救世歌》、《原道醒世训》等作品。稍后，又写了《原道觉世训》。这些作品要求平等，反对压迫，提出了"天下多男人，尽是兄弟之辈；天下多女子，尽是姊妹之群"，抨击了封建等级制度，企望实现"天下一家，共享太平"的理想社会。同时，冯云山在广西桂平县紫荆山区建立"拜上帝会"组织，团聚了会众二千多人，包括汉、壮、瑶各族的贫苦农民和手工业者，其中有种山烧炭的杨秀清和贫农萧朝贵。1847年，洪秀全回到紫荆山区和冯云山会合。为巩固和发展拜上帝会，他们共同策划、制定了"十款天条"、各种条规和宗教仪式，加强对会众进行思想和纪律教育。其后，拜上帝会力量迅速发展起来，以紫荆山为中心，东到平南、藤县，西至贵县，北起武宣、象州，南迄陆川、博白，以及广东的信宜、高州、清远等地，都有它的组织。拜上帝会在发展和斗争中，形成了以洪秀全为首的领导核心，成员有冯云山、杨秀清、萧朝贵、韦昌辉和石达开。

经过积极的酝酿和准备，武装起义的时机已趋成熟。1850年夏，洪秀全要求各地会众到金田村"团营"，整编队伍。拜上帝会会众到金田团营后，按军队编制建立了一支队伍，与清军展开战斗，先后在平南县思旺和金田附近的蔡村江大败清军。这两次胜仗，稳定了金田的形势。1851年1月11日，在洪秀全三十八岁生日这天，洪秀全率众在金田宣布起义，建号太平

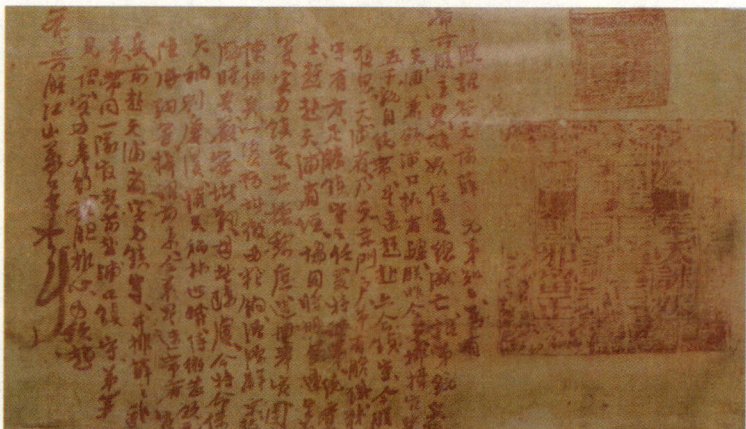

洪秀全手书诏旨

天国。气势磅礴的太平天国战争从此开始了。

太平军起义后不久，在东进武宣县东乡后，洪秀全正式登极，称天王，建立军师和五军主将制。9月，太平军攻占了永安（今蒙山）。在这里太平军封王建制，以左辅正军师杨秀清为东王、右弼又正军师萧朝贵为西王、前导副军师冯云山为南王、后护又副军师韦昌辉为北王、石达开为翼王，又以东王节制诸王，太平天国中央政权初步建立。

太平军在永安休整半年，之后因清军前来围攻，洪秀全下令突围进攻桂林，然后又撤兵攻全州，战斗中南王冯云山受伤不治而亡。攻克全州后，太平军进入湖南，攻克道州、郴州，发布《奉天讨胡檄布四方谕》、《奉天讨胡救世安民谕》等文。9月11日，太平军进攻长沙，西王萧朝贵中炮牺牲。太平军放弃攻城，继续北上，先后攻克益阳、岳州，1853年1月，攻下汉阳、汉口、武昌，然后顺江东下，到3月20日，太平军占领南京，定为首都，改名天京，正式宣告太平天国政权的建立。

天王玉玺

太平军所进行的战争，是一场反对清政府腐朽统治和地主阶级压迫、剥削的正义战争。太平军在进军途中，坚决镇压和打击官僚、豪绅、地主，焚烧衙门、粮册、田契、借券，有力地冲击了封建统治秩序。太平军纪律严明，秋毫无犯，"所过之处，以攫得衣物献给贫民，……谓将来概免租赋三年"，这使太平军受到群众的欢迎和拥护。太平天国起义也得到了迅速的发展。

民众支持太平天国的标语："长毛杀妖多多杀"

《太平诏书》

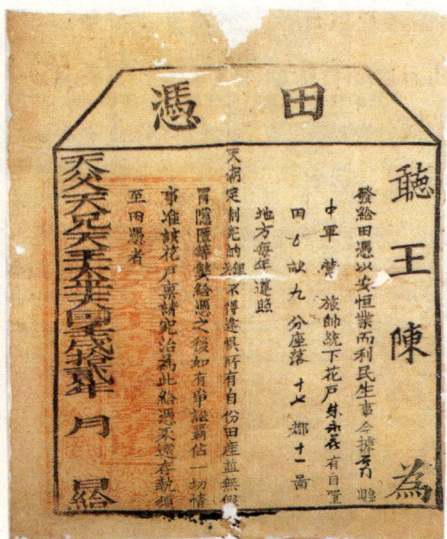

太平天国实行新土地制度后发放的《田凭》

太平天国定都天京后，先后进行了北伐、西征和天京城外的破围战。到1856年上半年，除北伐失利外，太平军在湖北、江西、安徽和天京附近等战场上均取得了重大胜利，控制了大片地区，达到了军事上的全盛时期。

"人间天国"

太平天国定都天京后，颁布了《天朝田亩制度》。它以完整的纲领形式，系统地提出了政治与经济上的平等愿望，把中国的农民起义提升到一个前所未有的新阶段。

《天朝田亩制度》的基本内容，是把全部土地平均分配给广大农民。根据"凡天下田，天下人同耕"的原则，把每亩土地按每年产量多少，分为上、中、下三级九等，然后好坏田搭配，"杂以九等"，"好丑各一半"，按人口平均分配。凡十六岁以上的男女每人都得到同等数量的土地，十五岁以下的减半。同时，还提出"丰荒相通"、"以丰赈荒"的调剂办法。

除了解决土地问题之外，《天朝田亩制度》还对农副业的生产与分配等问题，作了一些具体的规定。生产和分配，都以农村政权的基层组织"两"来实行管理，每二十五户为一两。分得土地的农民都要参加农副业生产劳动。在分配问题上，规定"两"生产的农副产品，除个人消费部分以外，其余都应缴

太平天国货币

归国库。婚丧等额外开支，都由国库按定额发给。鳏寡孤独、疾病残废等丧失劳动能力的人，都由"国库"供养。

太平天国的领袖们希望通过实施这种制度，建立"有田同耕，有饭同食，有衣同穿，有钱同使，无处不均匀，无人不饱暖"的理想社会。所以，《天朝田亩制度》实际上是起义农民提出的一个以解决土地为中心的比较完整的社会改革方案。

《天朝田亩制度》的主张，从根本上否定了封建社会的基础即封建地主的土地所有制，表现了广大农民迫切要求平均分配土地的强烈愿望，是对以往农民战争中提出的"均贫富"、"等贵贱"和"均平"、"均田"思想的发展和超越，具有进步意义。但是，这个制度所制定的平分土地的办法，给农民的生产和生活所设计的那一套方案，却不切合实际。要在小生产的基础上废除私有制和平均一切社会财富，以求人人平等，这是农民的平均主义空想。

《天朝田亩制度》既有革命性，又具有封建落后性，这个矛盾是由农民小生产者的经济地位决定的。太平天国领袖们所描绘的平分土地和社会经济生活的图景，实际上没有能够实现，也不可能实现。为了适应现实的迫切需要，太平天国不得不采取一些较为切实可行的措施，在安徽、江西等地实行"照旧交粮纳税"的政策。这一政策是仿照清朝的办法，即地主是田赋的主要交纳者，征收地丁银和漕粮。这表明太平天国承认地主占有土地，并允许地主收租。封建的生产关系和阶级关系虽然受到冲击，但并没有改变。尽管如此，在太平天国辖境内，由于很多地主被杀或逃亡，原来耕种地主土地的农民不再向他们交租了。留下来的地主大都失去了昔日的威风，不少佃农拒绝向他们交纳或者少交田租。这一切说明农民的生活得到不同程度的改善。

资政新篇

1859年4月，洪仁玕从香港来到天京。金田起义后，洪仁玕迫于清军缉捕，于1852年避居香港。他在香港亲身接触到一些西方资本主义的文化，又因与外国传教士来往较多，所受基督教的影响也较深。他到天京后不久，被封为干王，总理太平天国朝政，直到天京陷落。

洪仁玕在被封为干王不久，向洪秀全提出了一个统筹全局的方案——《资政新编》。在政治方面，他主张立政的关键，"惟

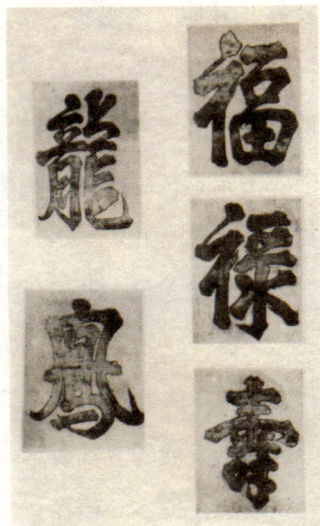

洪仁玕手迹

在乎设法用人之得其当"。所谓"设法",就是制定法律、制度。他指出立法的重要性,英国之所以成为当时"最强之邦,由法善也"。他反对"结党联盟",针对当时存在分散、离心的倾向,强调要"自大至小,由上而下,权归于一"。

在经济方面,洪仁玕主张效法西方资本主义,发展近代交通运输业,包括兴办铁路、公路、修浚河道、行驶轮船、兴办邮政等;发展金融事业,包括兴办银行、发行纸币、推广保险等。他还主张奖励民间开矿;奖励民间制造火轮车、轮船及其他"器皿技艺","准自专其利"若干年,"准其自售"。

在社会建设方面,他主张设学馆、医院,建跛盲聋哑院、鳏寡孤独院、育婴堂,禁庙宇寺观,革阴阳八煞,除九流堕民,禁溺婴、买卖人口及使用奴婢,严禁鸦片入口。他还批判那种"不务实学,专事浮文"的学风,在《戒浮文巧言谕》中,主张"文以纪实,言贵从心",提倡"切实明透,使人一目了然"的浅明文体。

在外交方面,洪仁玕主张同资本主义国家自由通商,进行文化交流,但外人不得干涉中国内政和"国法"。

洪仁玕的这些建议,具有鲜明的资本主义色彩,符合当时中国社会发展的客观要求,比起农民中原有的平均主义理想,这是一个大进步。他在"向西方学习"这一点上,超过了同时代的一些地主阶级的知识分子,是中国人学习西方的一个里程碑。他不仅重视中外文化交流和吸收外国先进的科学技术，而且主张采用西方资本主义国家的若干有关政策。他提出的向西方学习的主张，对后人具有启迪作用。

除洪秀全对其中的大多数条款表示赞成外，《资政新篇》在太平军内部没有引起积极反应，也没有实行过。主要原因是，洪仁玕的这些思想和主张，与太平天国农民战争没有任何渊源，它不是农民战争实践的产物，也不反映农民当时最迫切的利益和要求。

天国败亡

太平天国起义者们想要建立一个以"天王"为首的革命政权。但是，在以小农手工业和家庭手工业相结合的分散的小生产的基础上，虽然可以建立暂时的劳动者政权，但它最终还是会向封建专制政权演变。

太平天国定都天京后，农民阶级的一些弱点在起义队伍中逐渐显露出来。起义初期的反封建的朴素平等思想，逐渐被封建等级观念所侵蚀。太平天国颁布了一套"贵贱宜分上下，制度必判尊卑"的礼制，从天王到普通士兵之间，等级非常森严。天王及诸王、侯都是世袭的。一些领导人滋长了享乐腐化的倾向，起义初期那种"敝衣草履，徒步相从"的质朴思想作风多被抛弃，代之而起的则是对权力名位和豪奢生活的追求。太平天国诸王在建都后不久就大兴土木，建立豪华府邸。天王洪秀全、东王杨秀清及其他诸王"为繁华所迷惑，养尊处优，专务于声色货利"；诸王与将领及广大士兵的关系逐渐疏离，诸王之间更是"彼此暌隔，猜忌日生"；杨秀清"自恃功高，一切专擅"。这些集团之间争夺权力的斗争日益尖锐。1856年9月，太平天国领导集团发生了公开的分裂。

杨秀清是太平天国的领导人之一，曾经为太平天国建立不少功勋。但是，随着革命事业的发展，他日益居功自傲，"威风张扬，不知自忌"。1856年7月，清江南大营被打垮，天京被包围的形势暂时解除，杨秀清乘机扩大个人权势，逼洪秀全封他为"万岁"。洪秀全密诏在江西督师的韦昌辉、在湖北督师的石达开迅速返回天京。韦昌辉对杨秀清长期怀有不满情绪，在接到洪秀全的密令后，立即率领心腹部队于9月1日深夜赶到天京，包围了东王府，次日晨将杨秀清及其眷属杀害。接着天京城内发生混战，太平天国优秀将领和

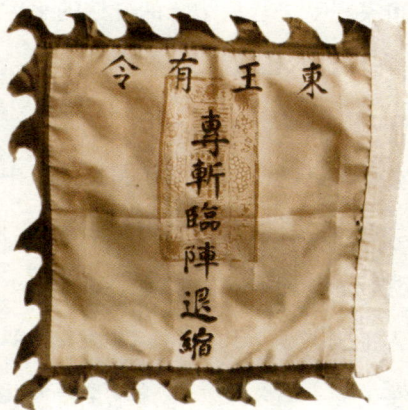

东王令旗

战士两万多人死亡。经过这场屠杀，韦昌辉控制了天京，独揽军政大权，在天京造成恐怖局面。

9月中旬，石达开从湖北回到天京，责备韦昌辉不该滥杀。韦昌辉又企图杀害石达开。石达开闻讯后连夜逃往安庆，起兵讨伐韦昌辉。韦昌辉的屠杀和专擅横暴，激起了天京广大将士的愤怒。洪秀全接受将士的要求，于11月初杀死了韦昌辉及其心腹二百多人，结束了韦昌辉对天京历时约两个月的恐怖统治。

天京事变后，洪秀全怕石达开掌握重权，便封自己的哥哥洪仁发、洪仁达为安王、福王，以牵制主持朝政的石达开。安、福二王平庸无能，石达开不能发挥才能，又怕被洪氏集团暗害，于是，1857年6月他率众出走，转战江西、浙江、福建、湖南、广西、湖北、四川、云南、贵州等省。由于长期孤军作战，没有根据地，到1863年5月，石达开在四川大渡河紫打地（安顺场）被清军包围。他幻想牺牲自己来保全部下，只身前往清营，清军则趁机进攻，将他的战士全部杀害，石达开也被押到成都处死。

天京事变和石达开出走，严重削弱了太平天国的军事力量，成为太平天国由盛转衰的分水岭。为重整纲纪，挽救危局，洪秀全提拔陈玉成、李秀成等一批具有军事才干的青年将领，又封洪仁玕为干王总领朝政，形成新的领导核心。但是，这已无法从根本上挽救败局。将领们都"各顾自己，不顾大局"。太平天国的领导人未能正确处理这些问题，却采取滥封爵赏的办法，大肆封王，从而使矛盾更加尖锐复杂。洪秀全本人的保守和迷信思想也越来越严重。他信天不信人，处理军政时务强调"认实天情"。当天京被湘军包围时，他拒绝李秀成提出的"让城别走"、另辟根据地的建议，坚持死守天京。1864年6月，洪秀全病故。7月，天京被湘军攻破。太平天国运动失败。

太平天国农民战争沉重打击了封建统治阶级，强烈震撼了清政府的统治根基，还有力地打击了外国侵略势力，在中国历史上写下了光辉不朽的一页。

但是，太平天国仍然是一次旧式的农民战争，有其自身无法克服的弱点。太平天国没有正确的斗争纲领，无法建立先进的政权组织，不能制定正确的政治路线和方针政策，到后期

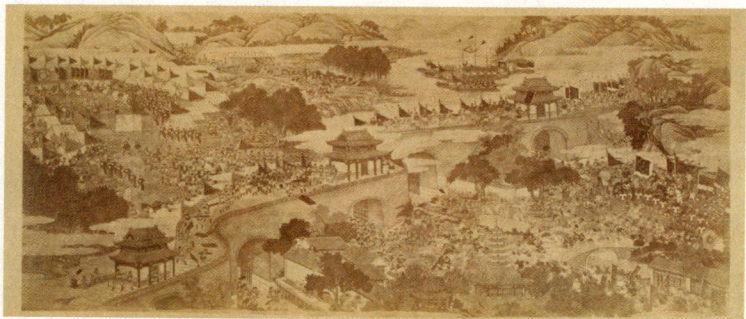

清宫廷画家绘《克复江宁省城战图》

则争权夺利、贪图享乐，导致内讧，使太平天国由全盛转向衰败。军事上，太平天国缺乏战略远见，军事行动带有严重的流寇主义。太平天国对外国侵略者也缺乏应有的警惕。太平天国信奉上帝，外国侵略者就以友好的假象蒙骗太平天国。实际上，由于太平天国不承认不平等条约、反对鸦片贸易，外国侵略者必定要与清廷联合对其进行镇压。

太平天国农民运动及其失败表明，在半殖民地半封建的中国，农民具有伟大的革命潜力；但它自身不能担负起领导反帝反封建斗争取得胜利的重任。单纯的农民战争不可能完成争取民族独立和人民解放的历史任务。

金陵机器局旧址

【第五章】
自强求富

　　进入十九世纪六十年代，在外国入侵和国内人民起义的双重打击下，清王朝遇到了开国以来最大的统治危机。日趋衰落的清王朝犹如一座将倾的大厦，处在风雨飘摇之中，再也不能照老样子统治下去了。面临数千年未有之大变局，封建统治集团内部部分官僚，开始以"自强""求富"为目的，推行洋务活动。持续三十多年的洋务运动，开启了中国近代化的大门，在中国走向近代的道路上跨出了较大的一步。但历史的发展并没有以洋务派官僚的意志为转移，以"自强""求富"为目的洋务活动，不仅没有能使中国富强起来，而且以北洋海军全军覆没的惨败而告结束。中国地主阶级的改良自救运动不能救中国，这是历史的结论。

洋务兴起

洋务，最初称作"夷务"，是指与西方国家有关的事务。例如，外事交涉，购买外国军械，采用"西法"操练军队，采用外国技术开矿、筑路，办航运、近代邮电，兴办新式学堂，选派留学生，引进、学习外国的科学技术等。洋务运动中所指的洋务，指清朝廷部分官僚，为挽救清朝封建统治危机，引进外国武器装备、科学技术、大机器设备创办近代企业的活动。这种引进活动被称作洋务运动，从事这些活动的主要人物被称作洋务派。

洋务运动的产生，主要由于清朝统治阶级面临"内忧""外患"的困扰。太平天国起义给清王朝以沉重的打击。清王朝勾结外国侵略者，凭借洋枪洋炮镇压了太平天国。第二次鸦片战争中国战败，使外国势力由东南沿海地区深入到长江中游，尤其是外国公使进驻北京，使清朝统治者感到震惊。面对内忧外患，用弓箭、长矛、鸟枪不能镇压国内民众起义，更无力与外国侵略者的洋枪洋炮抗衡。要维持封建统治，必须学习西方的科学技术，仿造西方船炮，采用西法练兵。于是，在奕䜣、曾国藩、李鸿章等重臣的倡导和主持下，洋务运动应时兴起。

洋务运动是在近代中国受到西方冲击下产生的，有着深刻的思想根源。林则徐、魏源等在第一次鸦片战争失败后已看到外国枪炮船舰的长处和中国传统兵器的短处，提出"师夷长技以制夷"的主张。第二次鸦片战争之后，"师夷长技"的思想发展成社会思潮，再加上中西交往的增多，士大夫中的一部分人如冯桂芬、薛福成、王韬等，看到了西方在经济、文化、军事上的优越，提出了关于采用西学、制造洋枪洋炮、举办洋务自强求富的理论。谈西学、办洋务成为社会时尚。

1861年初，清政府宣布设立总理衙门和北洋、南洋两位通商大臣，成为洋务运动的先声。接着以派员采购外洋船炮并自行仿造为开路，随之在各地建立起一批机器局、船政局、枪炮厂等军事工业。七十年代洋务运动进入了一个新的阶段，洋务派在继续兴办军事工业的同时，又着手兴办民用工业。

总理衙门旧影

洋务派的形成

洋务运动的主旨是"制洋器"、"采西学"，洋务派作为一个派别产生于清政府内外交困的十九世纪六十年代。一方面，以太平天国为代表的全国范围的农民起义以前所未有的剧烈程度动摇了清王朝的统治基石；另一方面，第二次鸦片战争创深痛巨，英法联军攻陷津京，咸丰皇帝仓皇逃至热河，清政府正面临"千古未有之大变局"。为应付这一变局，维护清王朝的统治，清政府中一些开明官僚在被迫与西方周旋交际的过程中，从对手那里开始了解西方，了解世界，获得了新的知识，他们的思想开始发生变化，产生了"师夷长技以自强"的思想和行动。这些勇于走出传统、勇于接受新事物的人与恪守传统的封建顽固派之间出现了明显的分歧，这样便产生了中国最早的洋务派。

洋务派出现的时代，世界资本主义体系已初步形成，资本主义列强把亚、非、拉美地区纳入资本主义体系，以自己的意志去改造世界。在侵略和扩张的过程中，资本主义列强不自觉地充当了冲击落后国家和地区的旧观念和体制、推动世界社会历史进程的工具。在中国，这种外力的冲击便是中国传统社会分化的一个重要外因。洋务派在一定程度上顺应了这一历史趋势，希望通过局部的改革以自强，阻止列强的进逼。封建顽固派则依然故我，抱残守缺，幻想以中国传统的封建礼义打败西方新兴的资本主义。

洋务派形成之初，人数不多，但随着形势的发展，社会上出现了万口同声谈洋务的局面，并在清政府内部形成了一个势力相当强大的政治派别，习惯上被称为"洋务派"。洋务派的代表，在中央政府内部有领班军机大臣恭亲王奕䜣和军机大臣桂良、文祥等人，在地方则有曾国藩、李鸿章、左宗棠及后起的张之洞等有实力的督抚。其中，所办洋务较多、成绩较为突出并有重大影响的代表人物为李鸿章和张之洞。

李鸿章（1823—1901），字渐甫（一字子黻），号少荃（泉），安徽合肥人，出身于官僚家庭。中过举人、进士，并拜曾国藩为师。1853年，回安徽原籍办团练，与太平军交战多年。1858年到江西投奔其师曾国藩，协助镇压太平天国和捻军起义。1862年由曾国藩保荐任江苏巡抚。1870年升任直隶总督兼北洋大臣，掌握清政府军事、政治、外交大权近三十年，成为清统治

李鸿章像

集团中的决策人物。他很早即认识到中国军队在技术上的落后，认为仿造洋枪、洋炮，运用西法操编军队，才能挽救清王朝的统治。他通过对西方各国的考察和了解，总结了办洋务的实践经验，提出必先富而后强，因此必须改变成法。在他的主持下，洋务活动的范围得到扩大，内容涉及军事、经济、文化各方面。由于李鸿章在洋务派中的权力最大，经办的洋务最多，历时最久，影响最大，故而成为洋务派中最主要的代表人物。

张之洞（1837—1909），字孝达，又字香涛，号壶公，直隶南皮（今属河北）人，出身于官僚家庭。1863年中探花，历任翰林院侍讲学士、内阁学士、山西巡抚、两广总督、湖广总督之职。他是洋务运动后期的主要代表人物。早年以批评朝政著称。他是一个讲求功效、提倡"经世致用"的"实用主义"者。随着外国资本主义对中国侵略的加深，特别是当他认识到西方科学技术、军工器械和机器生产对维护清政府的封建统治和抵御外侮的真正价值时，便被西学吸引到洋务活动中，从而转化为洋务派官僚。1884年5月，他在太原筹设洋务局，计划广泛招收人才，研究天文、地理、兵械、船炮等西方科学技术，后因中法战争吃紧，调任两广总督，建立洋务局的计划落空。1889年调任湖广总督后，大力办厂、开矿、筑路、练兵、办新学堂，形成自成体系的洋务集团。

歧见与纷争

兴办洋务，在十九世纪六十年代的中国，无疑是一次重大的外交、军事和工业生产方式的变革。尽管洋务派提出的"自强"主张没有触及封建专制的政治制度和封建的社会制度，但是在统治阶级中的某些人看来，却是有悖"祖宗成法"和"圣人古训"的荒谬之举。持有这种观点的大臣和士大夫为数不少，其主要代表人物是大学士倭仁、徐桐、李鸿藻等。他们或以理学权威自命，或以孔孟之徒自居，或以"帝师"自尊，具有相当强大的思想政治势力和深远的社会基础。这一派人物的共同特点是墨守陈规，故步自封，拒绝和排斥新思想和新事物。由于这些人死守陈腐的观念，主张维持传统的封建秩序，继续闭关锁国，因此人们称之为"顽固派"。从十九世纪六十年代后期开始，顽固派和洋务派的分歧日趋激化。洋务派每项重要主张，都遭到守旧势力的反对。

在很长的一段时间内，顽固派和洋务派围绕着用什么手段来维持封建统治的问题，展开了激烈的争论。两派的分歧点在于"西学为用"，也就是要不要学习西方的近代科学技术，举办机器制造工业，以资"求强"。对于洋务派倡导的西方"长技"的措施，顽固派总是加以猛烈的批评。这种争论在是否设立天文算学馆、修筑铁路等问题上表现得尤为突出。

1866年12月，奕䜣主持的总理衙门为培养洋务人才，奏请在同文馆（中国近代最早的新式学堂。清政府于1862年即同治元年首先在北京创办，设在总理衙门内。开始它只是语言学校，培养翻译人才。1867年，设立天文算学馆，遭到顽固派的反对。同文馆为中国培养了第一批新型人才。1902年并入京师大学堂）添设天文算学馆，招收翰林、进士、举人、贡生及科举正途出身五品以下京外各官入馆学习，聘请洋人为教习。建议刚刚提出，就遭到顽固派反对，双方激烈地论争。1867年4月清廷发布上谕，倾向奕䜣，提出倭仁可以择地另行设馆，与同文馆相竞争。6月，倭仁让人罗列同文馆十大"罪状"，对同文馆进行全面攻击。清廷不满倭

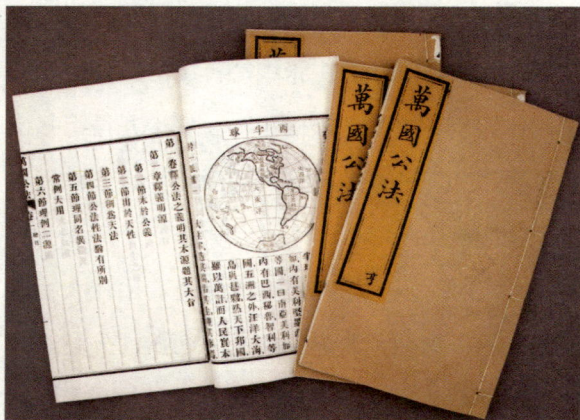

京师同文馆美籍总教习丁韪良翻译的《万国公法》

仁的攻击，令倭仁速到总理各国事务衙门上任。倭仁最痛恨洋务，气急败坏，在赴任路上坠马摔伤，于是因伤告假。顽固派和洋务派的争论告一段落。激烈争论后，天文算学馆虽然终于设立，但由于顽固派所造成的舆论影响，报考者屈指可数。这次争论，实际上是要不要办洋务，要不要学习西方近代科学技术的一场政治斗争。

到七八十年代，洋务运动进入高潮，顽固派又与洋务派进行争论。其中以修筑铁路的争论尤为激烈。1880年12月，前直隶总督刘铭传奏请修筑清江至北京、汉口至北京的铁路，因经费难筹，建议借外债修筑。此举立即遭到顽固派的群起攻击。侍读学士张家骧上奏指斥铁路有三大弊端：一是洋人可乘火车到处往来；二是修铁路会毁坏田亩、房屋和坟墓，滋扰民间；三是铁路兴建会使轮船运输业倒闭。李鸿章论证铁路有利于用兵、赈务、漕运、通讯、交通、拱卫京师，支持刘铭传的建议。由于顽固派的阻挠，致使修铁路一事不能及早实现。直到1887年春，总理海军衙门事务的奕譞鉴于中法战争中运兵的教训，放弃了反对修铁路的偏见，次年，津沽铁路告成。

顽固派和洋务派的争论，反映了中国的封建统治集团中不同政治势力对于外来先进技术与文化的不同态度。顽固派毫无接受新事物的心理准备与认识能力，对中国的进步与发展根本起不到推进作用，只能产生很坏的阻挠作用。洋务派能够接受新的事物，希望借鉴外国的技术加强中国军事实力，以抵抗外国的侵略，但他们的根本目的仍是维护清王朝的封建统治，而不是真正进行现代化的改革。因此，两派争论的实质，是统治集团内部开明和守旧的不同政见之争。

"自强求富"

洋务运动从十九世纪六十年代初开始，到1895年中日甲午战争结束时基本宣告失败，历经三十多年。运动大致可划分为两个阶段：从六十年代至七十年代初为第一阶段，重心在建立军事工业，也就是所谓的"求强"活动；从七十年代至九十年代为第二阶段，虽然还继续创办军事工业，但重心转为举办民用企业，也就是所谓的"求富"活动。

洋务派用力最多的，是建立军用工业。1861年，曾国藩在安庆建立安庆内军械所，以手工生产仿制"洋枪洋炮"，并制造了一艘木壳轮船。1862年，李鸿章在上海设立上海洋炮局，手工铸造炮弹。次年，李鸿章又委派英国人马格里在松江附近设厂制造弹药。清军攻陷苏州后，李鸿章命马格里将该厂迁至苏州，添置一些机器，设立苏州制炮局。这是洋务派兴办新式军用工业的开端。

从1865年江南制造总局设立到1895年中日甲午战争结束，

三十年间，洋务派设立的规模大小不等的军用工业共二十一个。其中由清政府中枢直接拨款、规模较大的有四个，即江南制造总局、金陵机器局、福州船政局和天津机器局。各省督抚也纷纷自筹经费兴办军用工业，但大都是中小型的，只有张之洞创办的湖北枪炮厂规模较大。

江南制造总局建于1865年。是年，李鸿章购买上海虹口的美商旗记铁厂，又将上海洋炮局并入，并增添由容闳经手从美国购买的机器设备，合组成江南制造总局。1867年，该局由虹口迁至上海城南高昌庙。此后规模逐渐扩大，先后设立了机器厂、轮船厂、枪厂、炮厂、炮弹厂、水雷厂、炼钢厂、栗色火药厂、无烟火药厂等十六个分厂，还附设了学堂、翻译馆等，

江南制造总局大门旧影

成为一家综合性近代军用工业。其主要产品有枪支、大炮、弹药、水雷、轮船、钢材等，都由清政府调拨，分发各地驻军。江南制造总局由于在资金经费方面得到清政府的大力支持，因此生产设备先进，技术力量雄厚，是当时国内最大的兵工厂。

金陵机器局，又称江宁机器局。1865年，李鸿章署理两江总督，将马格里主持的苏州洋炮局随迁南京，改称金陵机器局。其规模计有机器三处，翻沙、熟铁、木作车间各二处，还有火箭局、火箭分局、洋药局、水雷局及乌龙山暂设炮台机器等，主要生产弹药、枪支和大炮，产品大都供应李鸿章的淮军和天津大沽炮台。在清廷直属的四个大型军用工业中，金陵机器局规模最小，"所出枪炮无多"，它为大沽炮台所造的大炮在演放时一再爆炸，质量低劣。

福州船政局，又名马尾船政局，是1866年左宗棠任闽浙总督时向清政府建议设立的。位于福州马尾山下罗星塔，专门造船，工人最多时大约有三千多人。船政局设有转锯

左宗棠像

厂、大机器厂、水缸厂、木模厂、铸铁厂、钟表厂、铜厂、储材厂、拉铁厂、锤铁厂、铁胁厂及船坞一座，并附设船政学堂，是一个设备比较完备的造船工厂。1868年投产至甲午战争之前，共造大小兵商轮船三十四艘，其中包括二千四百匹马力的"开济"号巡洋舰。船政局在造船过程中，技术上逐渐有所提高。最初只能造一百五十马力以下的木壳船，到1887年造成了第一艘铁甲船，轮机也由旧式单机改成复合机，马力也增至二千四百匹。甲午战前，船政学堂先后三次向英、德、法等国派遣留学生学习海军。福州船政局在中国近代造船史上占有重要的地位。

天津机器局，是华北地区第一个官办军用工业。当南方诸局成立后，清朝廷为防止军事工业完全被汉族官僚控制，决定在北京附近建立可以直接控制的军工厂。先命北洋三口通商大臣崇厚筹办，1870年由李鸿章接办。天津机器局生产西洋枪炮子弹及各种炮车器具，设立了培养技术人才的水雷学堂、电报学堂和水师学堂。生产的军火，供给全国军队，是中国最大的军火基地之一。在1900年八国联军侵略战争中，遭到严重破坏。

湖北枪炮厂，位于湖北汉阳，是湖广总督张之洞在1890年开始建造的。1893年初步建成，次年厂房因火灾被焚，甲午战争以后才得以修复，主要生产枪、炮、子弹、火药等，是洋务运动后期创办的最大的军工企业。

洋务派创办的近代机器军用工业，完全是官办的。经费主要来自海关关税、厘金、军饷等。所生产的军火直接调拨装备湘、淮军及各省军用，不是为进入市场交换而生产。这些官办的军用工业具有浓厚的封建性。所有局厂不但要受总督、巡抚的控制和监督，而且还要受总理衙门的节制。企业类同官府衙门，成为当权者安插亲朋故旧的地方。人员冗滥，甚至挂名领取干薪，营私舞弊，管理混乱，腐败现象严重。然而，这些军用工业毕竟在中国开了近代机器工业的先河，实行了雇佣劳动的形式，存在着资本主义性质的因素，客观上对中国社会生产力的发展和资本主义民用企业的产生，起到了一定的促进作用。

在兴办军用工业的同时，洋务派还开始训练新式陆军和建立新式海军。

训练新式陆军的起步，是整顿八旗、绿营。1861年1月，奕诉等人在奏折中即提出"自强之术，在于练兵"。1862年1月，清政府批准了练兵章程。随即成立了神机营，并从京营八旗挑选精壮兵丁，演练洋枪洋炮和"洋人阵式"。1864年，在神机营的基础上加以扩充，建立了"威远队"，成为一支拥有五千余人，融马队、步兵、炮兵于一体的洋枪队。1866年，总理衙门大臣奕诉等从绿营中挑选精壮兵丁，按湘、淮军营制、营规编练军队，共选练六军，一万五千人，称为"练军"。到1894

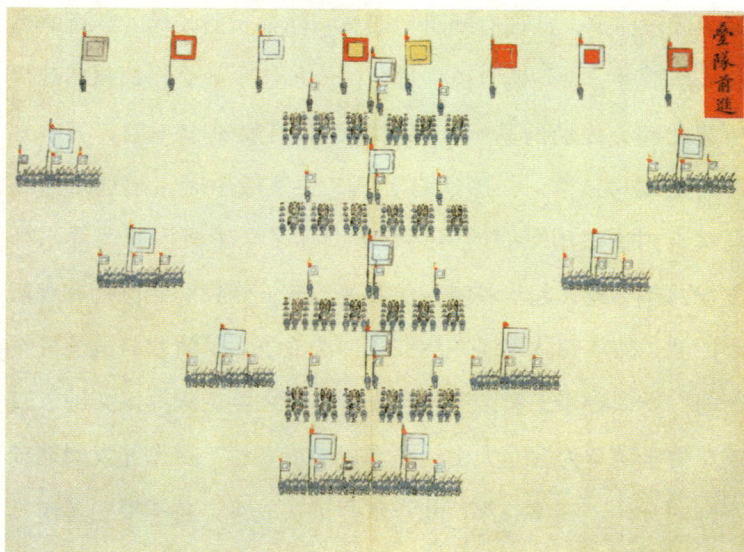

清军合操阵势图

年，全国绝大多数省份都相继建立了练军。此外，李鸿章的淮军和左宗棠部湘军也都较普遍使用外国新式武器。这些军队大都聘用英、法、德等国军人，按西方操典演练队列阵式。

除整编陆军外，洋务派还筹建新式海军、整顿海防。1874年，日本侵略中国台湾，清政府以赔款作为日本撤兵的条件，于是筹办海防、海军的建议随之兴起。经过筹划，1875年5月，清政府任命直隶总督李鸿章和两江总督沈葆桢分别督办北洋、南洋海防事宜，开始了近代海军的筹建。在南洋、福建、北洋三支水师中，南洋水师起步较早，但发展缓慢，到1884年中法战争爆发前夕，共拥有舰艇十四艘，除福州船政局、江南制造总局所造外，余均购自英、德两国。福建水师是在福州船政局所造的部分舰船的基础上形成的，共有舰艇十一艘，其中九艘为船政局自造，二艘购自英国。中法战争时，福建水师在马尾港内遭法国军舰的突然袭击，几乎全军覆没。北洋水师于1874年筹建，起步较晚，但发展迅速，到1884年已拥有舰艇十四艘，初具舰队规模。1885年中法战争后，清政府成立海军衙门，委派醇亲王奕譞为总理海军事务大臣，庆郡王奕劻、直隶总督李鸿章为会办大臣。海军衙门成立后，贯彻先发展北洋水师的方针。到1888年，北洋水师正式成军，各类舰船基本具备，共有二十余艘。舰艇主要购自英国、德国，聘请英国海军军官为海军教习，按新式海军编制训练，并参照英国的规章制订了《北洋海军章程》。李鸿章还先后在旅顺口、威海卫等地布置防务，修筑炮台、船坞，成为北洋海军的两大基地。当时，北洋海军是一支实力较强的近代海军。但从1888年以后，北洋水师未再增添新式舰艇，1891年后，因海防经费被挪用修筑颐和园，连枪炮弹药也停止购买。最终，这支苦心经营的海军，在中日甲午战争中全军覆没。

洋务派在创办军事工业和建立新式海陆军的过程中，遇到了一系列棘手的问题，最突出的是经费来源、原料和燃料的供应，以及交通运输等方面的严重困难。因此，他们提出"寓强于富"的口号，认为必须"先富而后能强"。从十九世纪七十年代开始，他们在陆续经营军事工业，进行"求强"活动的同时，开始创办"求富"为目的的民用企业。自七十年代至九十年代，洋务派大约创办了几十个民用企业，除少数几个官办，有的一度官商合办外，其余都为官督商办。在这些民用企业中，规模较大的有轮船招商局、开平矿务局、电报总局、汉阳铁厂、上海机器织布局等。

轮船招商局，1872年李鸿章在上海设立。它是中国第一家近代轮船航运公司，也是第一个官督商办的民用企业。招商局采取招集商股和政府拨款的办法，初始购船六艘，后陆续增购，1877年收购美国旗昌轮船公司的产业，将全局船只由十二艘增加到三十艘。它不仅开辟了沿海和沿长江的航线，还开辟了日本和东南亚的远洋航运，打破了外轮垄断中国航运业的局面。

开平矿务局，是中国最早的机器采掘的煤矿。1877年李鸿章派唐廷枢筹办，1878年8月正式设局开办，一面招募股份，一面开工钻井。1881年正式出煤。为了将煤从矿区运出去，1881年修建从唐山至胥各庄的轻便铁路，这是中国自建的第一条铁路。不过，由于清廷认为机车行驶会震惊清东陵的祖先神灵，所以这条铁路上运行的火车都是用骡马来拖拉的。

电报总局，1880年李鸿章在天津设立，以盛宣怀为总办。1881年架设天津至上海的陆路电线，全长三千余公里，是中国第一条长途陆路电线。电报局始为官办，1882年4月改为官督商办企业，称电报招商局。至1892年，电报几乎遍及全国各重要城市。在发展过程中，李鸿章抵制了外国人妄图控制中国电报利权的活动。

上海机器织布局，近代中国第一个机器棉纺织工厂。1880年李鸿章派太古洋行买办郑观应为总办，设局招商，1882年选址建厂，1890年开工投产。1893年工厂失火，李鸿章委派盛宣怀重建，其后又在宁波、上海、镇江等地设分厂。

汉阳铁厂，中国第一个近代化钢铁厂。1890年张之洞任湖广总督时，把他原在广东筹办的炼铁厂迁至湖北汉阳，1893年完工投产，1894年6月开炉炼铁，后由

上海机器织布局机房

官办改为官督商办，转给盛宣怀接办。为办汉阳铁厂，又开采大冶铁矿、马鞍山煤矿，集冶铁、炼钢、采煤为一体，是钢铁联合企业的尝试。

洋务派所办的民用企业，大都是官督商办，吸收了一部分买办、地主、商人的资金，对建立和发展近代企业，促进社会生产力的发展，一定程度上抵制外商对中国近代企业的垄断和压迫有积极作用。但是，这些企业有浓厚的封建性，企业大权都掌握在"官"的手里，"一切惟总办之言是听"，商股不得过问局务。此外，这些民用企业还存在对外国资本主义的依赖性，技术大权甚至行政大权都为外国人所控制。洋务派所办的民用企业，是半殖民地半封建社会历史条件下的产物，它阻碍了商办企业的发展，也没有能够达到"求富"的目的。

不成功的变革试验

从十九世纪六十年代初到九十年代中期，洋务运动历时三十多年。它以"求富"、"求强"为目的，在军事、工矿企业、交通运输和文化教育等许多领域，向西方国家学习，在中国走上近代化的道路上跨出了较大一步。

洋务派在三十多年里，陆续开办了几十个近代化的军、民用企业，建立了近代化海陆军，兴建了新式学堂，并派遣留学

外资汇理银行的一百元样票

生，这是中国走向现代化的开端。洋务运动引进的新的生产方式，在一定程度上加快了中国封建自然经济的解体速度，对于中国民族资本的产生、抵制外国资本的侵略，起到了一定的作用。洋务运动创办军、民工业，开了学习西方的风气，为西学在中国的传播和中国科技的发展提供了条件，积累了经验。洋务运动通过兴办新式企业，培养了中国第一批新型科技人才，造就了一批技术力量。因此，洋务运动在中国近代化的历史过程中的作用不可忽视。

然而洋务运动又是以失败而告终的运动。在半殖民地半封建社会的历史条件下，外国资本帝国主义决不会愿意也不可能允许中国通过办洋务富强起来。因此，在表面上扶植、支持洋务的同时，又不断用政治的、经济的、外交的乃至军事的手段进行侵略和控制。而洋务派的某些重要首领，对于外国资本主义的压力，又多采取妥协退让的办法。没有国家的独立，不能保障民族经济的发展，"求富"、"求强"的愿望也就只能落空。而清朝统治集团中的顽固势力，又生怕洋务的发展危及他们既得的权势，在政治上、经济上和舆论上多方钳制和阻挠。洋务派本身的封建性和腐败性，也使洋务运动缺乏应有的生机和活力，诸如企业的衙门化、官僚化、营私舞弊、贪污中饱、用人惟亲、侵吞商股等等现象相当严重而普遍，这就自我窒息了洋务事业的发展。洋务运动是近代中国的一次变革试验，历史记下了这次变革的成绩，也记下了它的失败，而且也作了结论：洋务运动不能救中国。

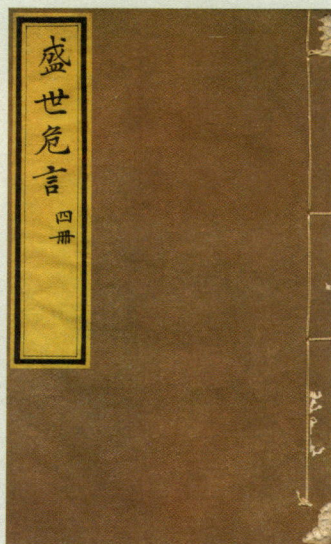

郑观应《盛世危言》

第六章

改良诉求

十九世纪七十年代，在洋务派创办近代民用企业的同时，商办的民族资本主义企业也开始出现。新的经济因素和新的阶级力量的出现，必然会在上层建筑、思想文化领域有所反映。因此，体现新兴民族资产阶级利益和要求的早期资产阶级改良思想也随之而产生了。早期改良思想家的重要功绩，在于他们为后来的戊戌维新运动作了思想准备。

"枯树新芽"

十九世纪六七十年代，在洋务派创办近代企业的同时，中国社会还出现了一批商办企业。这是近代中国民族资本主义企业的发端，也是中国社会经济发生重要变化的一个标志。

　　中国民族资本主义工业的产生有两种途径：一种是由一部分官员、地主、买办、商人直接投资兴办近代工矿企业；另一种是手工业作坊或旧式手工工场采用机器生产，转变为近代企业的。这两种途径，以前者为主。由于外国资本主义的侵略严重摧残了中国原有的资本主义萌芽，使中国旧有的手工业作坊多数破产，真正能够从手工作坊发展为近代企业的寥寥无几。自1869年至1894年中日甲午战争前，商办企业只有五十多个，资本共有五百余万元。虽然数量很少，实力甚微，但它却是一种新生的社会经济力量。其中较为著名的有：创办较早、规模较大的上海发昌机器厂，1872年华侨商人陈启源在广东南海县设立的第一家机器缫丝厂——继昌隆缫丝厂，1877年安徽的池

十九世纪六十年代，北京街头的煤气照明灯

州煤矿，1878年轮船招商局会办朱其昂在天津成立的贻来牟机器磨坊，1880年上海的恒昌祥机器厂，1881年成立的公和永缫丝厂，1882年上海的均昌船厂和徐州的利国驿煤铁矿，1887年买办商人严信厚在宁波建立的通久源轧花厂等。中国社会中新产生的民族资本主义经济，就是资产阶级早期改良派及其政治思想产生的客观经济基础。

在半殖民地半封建社会里，中国民族资本主义发展很困难。外国资本主义及其在中国开设的企业，在中国大量推销商品，掠夺原料，跟中国民族资本企业竞争。中国民族企业不仅在原料来源和产品销售市场方面受到巨大压力，而且经常受到外国资本吞并的威胁。同时，中国民族企业在机器、技术等方面都依赖外国，有的还依靠外国势力的"保护"。清政府对民族企业不但不予扶植，而且从各方面束缚了它的发展。在中日甲午战争以前，商办企业始终没有取得清政府的正式承认，在设厂、经营和产品销售方面，没有法律保障，完全听任官吏随意处置。例如，1881年，广东南海知县徐赓陛即以"各省制办机器，均系由官设局，奏明办理，平民不得私擅购置"，以及机器缫丝厂"男女混杂，易生瓜李之嫌"、"夺人之生业"为由，查封各处缫丝厂。许多地方官吏还对商办企业加重征收税捐，敲诈勒索，大大加重了这些企业的负担。在外国资本主义和国内封建主义的双重压迫下，中国民族资本主义企业的发展困难重重。许多企业为了生存，不是依靠外国势力的"保护"，就是寻求封建势力的支持。这就决定了中国民族资本主义同外国资本主义、本国封建势力既存在矛盾的关系，又存在依赖的关系；既有其社会历史进步性，又具有先天的软弱性。

伴随着中国资本主义的发生和发展，也产生了中国的资产阶级。中国民族资产阶级主要是由那些投资于官督商办、官商合办及商办企业的一般商人、买办、地主和官员转化而来，有一些则是由采用机器生产的手工工场主转变而来。例如，创办南海继昌隆缫丝厂的陈启源，是在南洋经商多年的华侨商人；在上海创办公和永缫丝厂的黄佐卿，是经营丝业多年的商人；创办上海裕源纱厂的朱鸿度，是安徽巨商、浙江牙厘局总办；在天津创办贻来牟机器磨坊的朱其昂，官至道员，曾代理津海道，死后诏赠光禄寺卿；创办天津自来火公司的杨宗瀚是曾任直隶通永道的淮系官员，吴懋鼎是汇丰银行的买办；在上海创办源昌机器五金厂、源昌碾米厂、源昌缫丝厂的祝大椿，是怡和洋行的买办；创办上海发昌机器厂的方举赞，则是打铁作坊主。他们当中不少人在官府机构中取得一定的官职头衔，或在农村占有相当数量的土地，具有亦商亦官或亦商亦绅的多重身份。

中国民族资产阶级和本国封建势力、外国资本主义之间，既有无法避免的矛盾，又有着切不断的联系。因此，中国民族资产阶级一方面具有反对外国资本主义侵略和本国封建压迫的要求，希望中国能够独立富强，为民族资本主义的顺利发展提供条件；另一方面又具有对外国资本主义和本国封建势力的妥协性。他们在一定条件下可以参加反帝反封建的革命或者在斗争中保持中立，但是没有革命的彻底性，不可能引导中国的民主革命走向胜利。早期改良主义思想正是反映了正在兴起中的民族资产阶级的愿望和要求。

暗流涌动

早期改良派大部分由封建文化人转化而来。随着洋务事业的兴起和发展，一些依附于和积极参与洋务事业的开明的士大夫，日益增加了对西方资本主义近代生产方式、科学技术乃至社会政治和经济制度的了解，也痛感中国的落后。他们主张更多地向西方国家学习，不但要学习西方资本主义国家的科学技术，同时也要求实行某些政治、经济方面的改革，希望中国能够变成一个独立富强的国家。这些开明爱国的士大夫们，逐渐形成了一个知识分子群，也就是早期改良派或改良思想家。他们的代表人物，主要有冯桂芬、王韬、薛福成、马建忠、郑观应等。

冯桂芬像

冯桂芬（1809—1874），字林一，号景亭，江苏吴县人。道光进士，授翰林院编修。1862年，做李鸿章的幕府。他重视经世致用之学，注意研究西学，对清王朝的腐朽统治也有不满，曾多次建议改革。他还曾提出"采西学、制洋器、筹国用、改科举"等建议，主张"以中国之伦常名教为原本，辅以诸国富强之术"，采用资本主义的技术以维护封建统治。其思想对洋务派有很大影响，同时又被早期资产阶级改良派奉为先导。主要代表作为《校邠庐抗议》。

王韬（1828—1897），号紫铨，江苏吴县人，秀才出身。1849年于英国教会所办上海墨海书馆工作。曾多次向清官僚献策进攻太平军。1862年回籍，化名黄畹上书太平军，建议停攻或缓攻上海，遭清政府追捕，出逃香港，后赴英、法、俄等国游学。1874年在香港主编《循环日报》，评论时政，主张变法自强。1884年获李鸿章默许，回到上海。他的一生，主要是靠外国资产阶级的庇护支持而取得一定的社会地位，带有浓厚的买办色彩，晚年虽然和洋务派也接触频繁，但终其身也未得

"见用于世"，因而常常从在野派的角度，提出改良社会的主张。他多年来一直评论时政，主张"变法自强"，反对清政府与西方列强签订的不平等条约。他提出"富强即治国之本"，认为要学习西方的"富强之术"，必须大力发展工商业，"先富而后强"，因此应广贸易、开煤矿、兴铁路、造轮船。他呼吁要允许"民间自立公司"，兴办工矿交通事业，并对洋务派颇有批评。王韬的思想反映了新兴资产阶级的要求，因而他被认为是早期改良主义的首倡者之一。主要著作有《弢园文录外编》、《弢园尺牍》等。

薛福成（1838—1894），字叔耘，江苏无锡人。早年入曾国藩幕府，后随李鸿章办理外交。1879年作《筹洋刍议》，提出变法主张。1889年出任英、法、比、意四国公使。他崇尚西方的君主立宪制度，初步认识到其相比于封建专制制度，是社会的进步。认为资本主义国家"以工商立国"，中国应效法西方，发展工商业，用以抵制西方列强的经济侵略。强调"工商之业不振，则中国终不可以富，不可以强"，因而希望清统治者变法改良，主张用机器"殖财养民"，发展资本主义，不赞成洋务派对新式工业的垄断政策。他的著作经后人编为《庸盦全集》。

马建忠（1844—1900），字眉叔，江苏丹徒人，秀才出身。少年时代一再随其商人家庭迁徙，后定居上海。受西方资本主义思想影响较深，为探求中西"得失之故"，抛弃科举而专门研究西学。1876年至1879年，在法国留学并获得博士学位。回国后为李鸿章办洋务，曾任轮船招商局会办、上海机器织布局总办。他提出了"讲富者以护商为本，求强者以得民心为要"的理论。他认为对外通商是"求富之源"，主张要发展对外贸易，就必须争取关税自主权，并主张由"商人纠股设立公司"来兴办新式工商业，反对洋务派的垄断政策。主要代表作为《适可斋纪言纪行》。

郑观应（1842—1922），字正翔，号陶斋，广东香山人。曾任英商宝顺、太古洋行买办，以捐资得道员衔。历任上海机器织布局总办、轮船招商局会办、汉阳铁厂及粤汉铁路公司总办等。他关心时政，热心西学，既为洋务派出力，又在思想上与其有分歧。后因受洋务派和外国公司迫害，在经济和政治上受到打击，更注意研究时务，到九十年代初逐渐形成维新改良思想。郑观应主张兴变革之风以抵御外侮，认为"欲张国势"，就必须改变专制，实行议会制。他针对西方列强"借商以强国，借兵以卫商"的现实，提出"商战为主，兵战为末"、"通商以为富，练兵以为强"的口号，要求发展资本主义工商业。为此，他要求采取收回海关、保护关税、裁撤厘金、自由投资等护商政策。著有《盛世危言》等书。

改良新潮

十九世纪七十年代，随着民族资本主义的产生和发展，出现了反映正在兴起的民族资产阶级利益和愿望的早期资产阶级改良思想。

促使早期资产阶级改良思想产生的客观因素，除了阶级基础之外，还在于中国社会半殖民地化的日益加深，以及西方资本主义国家的社会科学与自然科学的输入。七十年代前后，外国资本主义更加紧在经济上掠夺中国的财富，扩大其在华特权。同时，又对中国的边疆地区发动侵扰，造成民族危机的日趋严重。这使得一些爱国的知识分子深受刺激，他们开始寻找新的救国道路。这一时期，外国资本主义对华进行文化扩张，也使资本主义文化有所传播。外国传教士和商人在中国创办了数十种杂志，洋务派在举办军用、民用工业及办学堂的过程中，也翻译了一些西方书籍，都在客观上开阔了人们的眼界，为早期改良思想家寻求改革提供了借鉴。

早期改良派大都与洋务派有联系，但逐渐从这个营垒分化出来，思想较洋务派前进了一大步。中法战争后，洋务运动的弊端日益明显，早期改良思想更加发展。早期改良派主张向西方国家学习，要求实行某些政治经济方面的改革，以使中国成为一个独立富强的国家。其主要思想主张包括以下几个方面：

（1）主张抵御外国资本主义的侵略，维护国家主权和民族独立。早期改良思想家对西方列强的侵略，中国民族危机的不断加深，忧心忡忡，担心这是心腹之患，将来要弄到"国几不国"的地步。他们对列强的侵略表示强烈义愤，并给予揭露和谴责。他们谴责外国侵略者强加给中国的不平等条约，指出不平等条约所规定的片面最惠国待遇、领事裁判权、协定关税等条款，损害了中国主权，给中国造成无穷的祸害。他们要求通过修改条约来取消这些外国在华特权。他们还看到列强一再鼓吹的所谓国际公法的虚伪性和以强凌弱的反动性，用事实证明，如果国家太弱，虽有公法也不能免受欺侮，列强所作所为皆不合情理，公法究竟在哪里！

（2）要求发展民族资本主义，反对清政府限制工商业的政策。他们批评洋务派所办的官督商办企业是"官有权，商无权"，"官督商办势如虎"，主张大力发展民族工商业，将厘金合并于关税，保护关税，以便于跟外国资本主义竞争。这些都反映了发展资本主义，抵制外国侵略的要求。其中，郑观应打破了"重农抑商"的传统封建思想，提出"商战"的口号。他认为，"欲制西人以自强，莫如振兴商务"，并强调发展本国的机器工业，把"商战"建立在发展工业的基础上，把发展中国的资本主义作为民族独立和国家富强的出路。"商战"论具有反侵略的爱国的积极意义。他们反对清政府限制民族工商业的政策，主张无论铁路、轮船、开矿、纺织、制造等任何企业，都应该让民间开设。为发展近代工商业，还提出设商部、办邮政、设银行等主张。

（3）要求政治改革，向往西方资产阶级君主立宪制度。早期改良思想家介绍西方资本主义的政治、法律，通过中外对

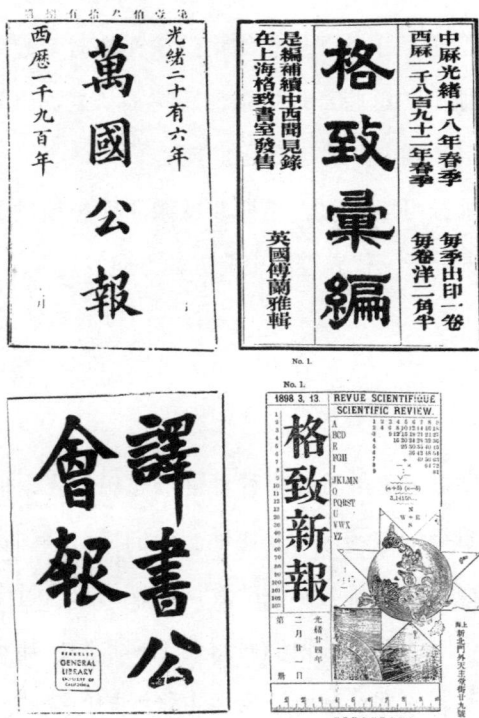

光绪年间的西学杂志

107

比，初步认识到封建君主专制制度阻碍了国家的富强，向往西方资产阶级的议会制度。王韬、郑观应等人介绍西方国家"君主"、"民主"、"君民共主"三种政治制度，认为"君主者权偏于上，民主者权偏于下，君民共主者权得其平"，主张在中国推行"君民共主"制，仿效西方国家设立议会。虽然他们对议会、民主等还不能从西方资本主义政治制度本来意义上去理解，但是在反对君主专制制度和初步介绍西方资产阶级政治学说方面，摆脱了洋务派思想的窠臼，在当时却起到了耳目一新的作用。他们的这些言论主张，反映了新兴资产阶级参与国家政权的愿望和要求，具有历史进步性。

从以上主张可以看出，早期改良派的思想超过了同时代的地主阶级知识分子，代表着历史前进的方向。

承前启后

早期改良思想家虽然提出种种进步思想主张，但也表现出了民族资产阶级的软弱性和妥协性。他们反对外国资本主义的野蛮侵略，但对侵略者的本性缺乏认识，幻想通过谈判方式来取消列强在中国的特权。他们对封建王朝不满，却不敢直接攻击封建君主专制的理论基础，反而主张维护传统的封建宗法道德和伦理观念。他们要求发展民族资本主义，却不敢触及阻碍资本主义发展的封建土地所有制。这些都说明早期改良派不能完全摆脱封建主义的束缚，不能彻底同封建顽固派、洋务派划清界限。同时，由于当时中国民族资本主义刚刚产生，民族资产阶级的经济实力和政治力量相当弱小，所以早期维新派只能针对具体问题提出一些改革主张，没有形成完整的理论，也没有付诸实施。

尽管早期改良思想家的思想主张有着明显的弱点和局限性，但仍有着进步性。他们的宣传对中国人民起了思想启蒙的作用，表达了新兴资产阶级的利益和要求，代表着历史前进的方向。早期改良思想家的重要功绩，在于他们为后来的戊戌维新运动作了思想准备。十九世纪八九十年代，随着民族危机的加深和中国民族资本主义的初步发展，康有为、梁启超、严复等继承发展了早期的改良思想，提出了完整的理论体系，并使维新思潮发展成为爱国救亡的政治运动。

光绪皇帝朝服像

第七章

戊戌变法

　　战争对于一个民族所带来的是深重灾难，又是一种精神上强有力的刺激，能激发新的民族觉醒。1894年，蕞尔小邦日本发动了侵略中国的甲午战争。腐朽无能的清政府战败求和，赔款割地，史无前例。战后，帝国主义掀起了瓜分中国的狂潮，中华民族面临亡国灭种的危险。在民族危亡的形势下，资产阶级维新派开始走上历史的前台，并导演了一幕以救亡和变法为主题的历史活剧，这就是闻名中外的戊戌变法运动。尽管维新仅百日便以失败而告终，但在中国近代史上有着重要的地位和作用。

甲午之痛

日本发动对中国的侵略战争，蓄谋已久。日本明治维新后，走上军国主义道路，确定了以侵略朝鲜和中国为首要目标的"大陆政策"。此后，明治政府抓紧改革军制，推行近代军事教育和训练，积极扩军备战，并加紧准备对华战争，等待时机，寻找借口。1894年6月，日本政府以中国军队进驻朝鲜帮助镇压东学党起义为借口，出兵朝鲜，抢占要地，并组建战时大本营，拟以武力驱逐清军，控制朝鲜。7月25日，日本不宣而战，分两路向驻守在牙山的中国军队及牙山口外丰岛海域的中国舰队发动了突然袭击，挑起了侵略中国的战争。8月1日，中日双方同时宣战。因战争爆发于旧历甲午年，历史上称这次战争为中日甲午战争。

中日甲午战争从1894年7月25日日本军舰在丰岛海面突然袭击中国海军始，至1895年4月17日《马关条约》签订止，历时八个多月。整个过程可分为三个阶段。

战争的第一阶段，自1894年7月25日至9月17日。战争在朝鲜半岛及其附近海面展开，主要有丰岛海战、牙山之战、平壤之战和黄海（大东沟）海战。其中尤以黄海海战最为激烈、悲壮。

9月16日，海军提督丁汝昌统率北洋舰队十余艘舰船，护送运兵船至大东沟。次日中午，正当北洋舰队准备返航旅顺时，

中日甲午海战图

在大东沟以南的黄海海面遭到日本舰队的突然袭击。中国官兵英勇抗敌，给日舰以沉重的打击。战斗开始后不久，丁汝昌乘坐的旗舰"定远"号即被炮弹震断飞桥。他负伤后仍坐在甲板上督战，鼓舞士气。随后，"定远"管带刘步蟾接替指挥。在激战中，"致远"舰管带邓世昌为了保护旗舰，主动迎击敌舰。在军舰受伤、弹药将尽的情况下，他下令开足马力，向日军先锋舰"吉野"号猛冲，意图撞毁，不幸被敌人鱼雷击中，邓世昌和全舰二百多名官兵壮烈殉国。"经远"号管代林永升力战牺牲，全舰官兵继续战斗，坚持到最后一分钟。海战历五小时，北洋舰队沉毁军舰五艘，而日本舰队包括旗舰"松岛"在内五艘军舰也遭到重创。日本舰队无力再战，首先退出战场，向西南方向逃去。北洋舰队尾追十余海里，后收队返回旅顺。此战，双方损失都很惨重，但北洋舰队主力尚存。然而，黄海海战后，李鸿章一味强调"避敌保船"，命令北洋舰队躲藏在威海卫港内，不准出击，最终造成坐守待毙的局面。

战争的第二阶段自1894年10月24日至11月22日。日军占领朝鲜后，于10月下旬分兵两路向中国进犯，战争在辽东半岛进行，主要有鸭绿江江防之战和金州、旅顺之战。在此阶段，除少数爱国将士奋勇抵抗外，多数清军望风而逃，不战即溃，日军相继攻占大连、旅顺、金州等重要城市。

战争的第三阶段自1895年1月20日至4月17日。主要有威海卫之战和辽东之战。

清政府对日军主攻方向判断有误，将重兵集结于奉天（今辽宁沈阳）、山海关附近，山东半岛兵力较弱。1895年1月下旬，日山东作战军分批在山东半岛东端的荣成湾登陆，向北洋海军驻泊地威海卫进攻，海陆配合，夹击军港。经过十余日激烈的攻守战，北洋海军损失惨重，提督丁汝昌自杀。2月17日，基地陷落，北洋海军全军覆没。北洋海军的全军覆没，标志着以"自强"、"求富"为目标的洋务运动的失败和破产。

与此同时，日军在辽东半岛西北部及辽河下游继续扩大攻势，清军难以挽回颓势。至3月上旬，辽东清军全线溃退。

威海卫失陷后，清政府派李鸿章为全权大臣，赴日请和。4月17日，中日《马关条约》签订。其主要内容有：中国赔偿日本军费二亿三千万两白银（含赎辽费三千万两）；割让台湾、澎湖列岛给日本；增开沙市、重庆、苏州、杭州为通商口岸；允许日本在中国通商口岸设立工厂。此后，台湾军民为抵抗日军占领，进行了艰苦的武装斗争，使日本侵略者付出了重大代价。

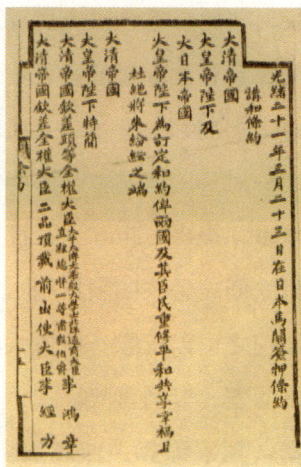

《马关条约》局部

甲午战争的失败，使中国半殖民化程度进一步加深，同时，也促使中华民族日益觉醒，激发了中国人的爱国热情，掀起了救亡运动的高潮。

公车上书

1895年4月，康有为、梁启超同各省举人在北京参加会试期间，传来日本逼签《马关条约》的消息。全国人民痛心疾首。在京应试的举人，也积极活动，以省籍为单位到都察院请愿，反对签约。在全国人民反对签订卖国条约的巨大声浪中，康有为发动各省应试的举人一千三百多人联名上书。5月2日，他们将上书向都察院呈递，要求上达皇帝。在请愿书中，康有为等痛陈对日割地赔款，势必丧失人心，引起列强灭亡中国的严重后果，提出"拒和、迁都、变法"的主张，并请求光绪皇帝当机立断，采取四项措施：一、"下诏鼓天下之气"，即颁罪己明罚之诏以抚慰、鼓舞人心；二、"迁都定天下之本"，即迁都西安，以利再战；三、"练兵强天下之势"，把赔款移作军费，加紧练兵；四、"变法成天下之治"，即发愤变法，行"富国"、"富民"、"教民"之法。并且强调，这四项措施

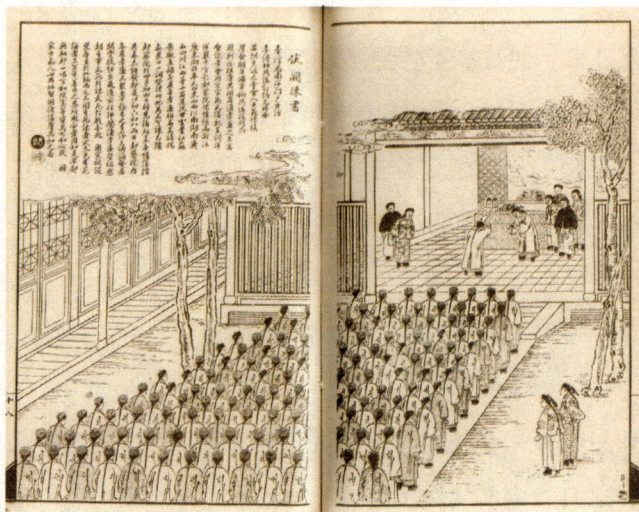

《点石斋画报》中的"公车上书图"

中，前三项还只是"权宜应敌之谋"，只有变法才是"立国自强"的根本大计。关于变法，请愿书主张仿行西方君主立宪政治，发展资本主义经济，革新文化教育，改革科举考试科目。还提出由各省士民公举"议郎"，供皇帝谘询和讨论重要政令，实现"君民共主"。这就是中国近代史上有名的"公车上书"（汉代用公家的马车接送被选拔的读书人到京城，后来就用"公车"作为进京应试举人的代称）。

这次上书，都察院以《马关条约》已经签字、无法挽回为借口，拒绝接受。"公车上书"反映了民族资产阶级要求抵抗外国侵略，进行资本主义改革，使中国独立富强的愿望。它虽然未能挽回《马关条约》已经签订的既成事实，但冲破了清政府规定的士人不得干政的禁令，标志着酝酿多年的资产阶级维新变法思潮已发展为爱国救亡的政治活动，在社会上产生了重大的政治影响。上书的内容被广泛传播，维新变法形成不可阻挡的潮流，康有为也从此取得了维新运动的领袖地位。

维新派崛起

受十九世纪八九十年代深重的民族危机的严重刺激，一些人从封建地主阶级知识分子分化出来，开始追求西方资产阶级的各种知识，逐渐同封建主义的传统思想背离，奋起寻求救亡图存的新办法、新道路，形成了资产阶级的维新派。其代表人物是康有为、梁启超、严复、谭嗣同等。

康有为（1858—1927），原名祖诒，字广厦，号长素，广东南海人，出生于"世以理学传家"的官僚地主家庭。幼年随其祖父学习四书五经，后来师从于广东理学家朱次琦，1879年结识翰林院编修张鼎华，"尽知京朝风气，近时人才，及各种新书，道咸同三朝掌故"，开阔了眼界。康有为生活的年代，正当清王朝统治处于风雨飘摇之际，作为一名有强烈爱国思想的知识分子，为了救亡图存，发起和领导了资产阶级维新变法运动，成为维新派的领军人物和维新运动的领袖。

1888年，康有为到北京参加顺天乡试，没有考取。当年9月，他上书光绪帝，痛陈祖国的危亡，批判因循守旧，要求变法维新，提出了"变成法，通下情，慎左右"三条纲领性的主张。这是康有为第一次比较系统地发表其维新变法思想。1891年，康有为回到广东，开办万木草堂学馆，聚徒讲学，并为变法运动创造理论。他先后写了《新学伪经考》和《孔子改制考》两部著作。在前一部书中，他攻击"新学"，指斥

康有为像

"伪经"，是为了推翻古文经学的"述而不作"，打击顽固派的"恪守祖训"，冲破阻碍变法维新的守旧思想，引导知识分子去怀疑古代的经典，从而动摇了封建专制主义的理论基础。在后一部书中，他汲取了今文经学"变易"的哲学思想，糅合了"三统"、"三世"学说，指出中国社会历史的发展可以分为三个阶段，即：据乱世、升平世、太平世。他运用历史进化论的观点，指出"据乱、升平、太平"三世有序不乱地向前发展，强调中国由据乱世进入升平世的必然性。

在为变法奠定了理论基础之后，康有为积极地进行了变法实践，推动变法运动不断走向高潮。继1888年第一次上皇帝书后，他又六次上书，并组织强学会、保国会等团体，推动了变法运动的深入开展。在这些上书中，康有为系统地发挥了自己的变法思想，从政治、经济、文化、教育等方面系统地提出了自己的见解。政治方面，提出了变君主专制为君主立宪的要求。他指出："东西国之强，皆以立宪法，开国会之故。国会者，君与国民共议一国之政法也。"经济方面，提出了发展工业，振兴商业，保护民族资产阶级利益的主张。文化教育方面，提出了"开民智"、"兴学校"、"废八股"的主张。这几个方面构成了康有为变法维新的基本纲领。

梁启超（1873—1929），字卓如，号任公，广东新会人，近代思想家，戊戌维新运动领袖之一。他自幼在家中接受传统

梁启超《变法通议》

教育，因天资聪慧，很小就以"神童"闻名乡里。1889年考取举人，年仅十六岁。1891年就读于万木草堂，接受康有为的思想学说并由此走上改良维新的道路。他是康有为的学生，又是他的得力助手，时人合称"康梁"。维新运动期间，梁启超表现活跃，多次在《时务报》、《湘报》、《知新报》上发表文章，宣传变法的理论、内容、途径。他以达尔文的进化论和西方资产阶级的政治学说为武器，对两千年占统治地位的封建思想意识，进行了猛烈的冲击，积极推进了戊戌思潮的发展。他提出民权代替君权是历史的必然，强调只有兴民权，才能兴国家。而欲兴民权，必须先开民智。他主张建学校、办报纸，进行宣传教育，培养"新民"，这为反对封建君主专制制度提供了锐利的思想武器。

谭嗣同（1865—1898），字复生，号壮飞，湖南浏阳人，是最活跃、最激进的维新派代表人物。《仁学》是其维新时期的代表作。在这部著作中，他愤怒地抨击了封建君主专制所造成的"惨祸烈毒"和"三纲五常"对人性的摧残压抑，指出：封建纲常礼义完全是那些独夫民贼用以统治人民的工具，号召人们冲决纲常名教的罗网。这些思想带有鲜明的民主主义成分，为戊戌思潮的高涨提供了理论支持。1897年在湖南协助巡抚陈宝箴等办时务学堂，次年办《湘报》。1898年9月初任四品卿衔军机章京，参与戊戌变法。与杨锐、林旭、刘光第一起，称"军机四卿"。

严复（1853—1921），字又陵，又字几道，福建侯官人，戊戌思潮的积极倡导者。是清末很有影响的资产阶级启蒙思想家、翻译家和教育家，是中国近代史上向西方国家寻找真理的"先进的中国人"之一。少年时期，严复考入了家乡的船政学堂，接受了广泛的自然科学的教育。1877年到1879年，严复等被公派到英国留学。留学期间，严复对英国的社会政治发生兴趣，涉猎了大量资产阶级政治学术理论，尤为赞赏达尔文的进化论观点。维新运动期间，在天津主办《国闻报》，发表《原强》、《辟韩》、《救亡决论》等重要政论，大力宣传西方资产阶级的学术思想和政治观点，痛彻批判封建传统观念，是宣传维新变法的有名力作。除了撰写鼓吹维新变法的政

严复像

论之外，他的更大贡献是把西方的一些社会政治学说介绍到中国，其中尤以《天演论》影响最大。在严复所译的《天演论》及其他著作中，宣传了"物竞天择，适者生存"的原理。他系统介绍了西方民主主义理论体系，使中国广大知识分子开阔了视野，认识了改造社会、改造世界的科学方法，从而成为戊戌思潮发展的理论基础。他在提倡西学、传播西方资产阶级思想方面，对维新运动作出了显著的贡献。但是，由于他个人的地位，以及与当政的洋务派官僚有着较深的联系，他的政治态度比其他维新派人物更软弱，也没有积极参加维新变法的政治实践。

资产阶级维新派的形成和崛起，为维新变法运动提供了坚实的阶级基础和骨干力量。以资产阶级维新派知识分子为代表的这股新的思潮的倡导者和鼓吹者，以崭新的姿态站在时代潮流的前面，痛斥旧的封建专制制度，提倡新思想，建立新组织，推动变法运动不断走向高涨。概括而言，他们主要是通过下列行动宣传维新主张，推动变法运动深入的。(1)向皇帝上书。如康有为曾先后七次向光绪皇帝上书，其中最著名的是前文提到的"公车上书"。(2)著书立说。如前文提到的康有为写了《新学伪经考》和《孔子改制考》，梁启超写了《变法通议》，谭嗣同写了《仁学》，严复译《天演论》等。(3)介绍外国变法的经验教训。如康有为向光绪皇帝进呈了《日本明治变政考》、《俄罗斯大彼得变政记》、《波兰分灭记》等书。(4)办学会。著名的有强学会、南国会、圣学会、保国会等。(5)设学堂。重要的有康有为主持的广州万木草堂、梁启超主持的长沙时务学堂等。(6)办报纸。影响最大的有梁启超任主笔的《时务报》、严复主办的天津《国闻报》以及湖南的《湘报》等。通过上述活动，维新派大力宣传维新思想，制造变法舆论，训练变法人才。维新变法很快成为社会思潮的主流，维新变法运动也逐渐高涨起来。

激烈论战

维新派的变法舆论宣传活动和维新运动的迅猛高涨，引起封建顽固派的憎恨与恐慌。他们利用自己的地位和权力，对维新思想发动攻击，斥之为"异端学说"，指责康有为、梁启超等维新派人士破坏祖宗成法，离经叛道，是"名教罪人"、"士林败类"。面对顽固守旧派的攻击，维新派通过奏折、报刊、讲台等，同顽固派、洋务派各种反对变法的言论进行了针锋相对的辩论。于是，维新派与守旧派之间展开了一场激烈的论战。论战主要围绕以下三个问题展开：

第一，要不要变法。

守旧派坚持"祖宗之法不可变"，有人甚至主张"宁可亡

张之洞《劝学篇》

国，不可变法"。洋务派官僚张之洞也在《劝学篇》一书中反复强调封建的纲常伦理不可变。而维新派则根据西方资产阶级进化论的观点，认为自然界和人类社会都是不断发展变化的。他们提出，变法是"天下之公理"，任何事物"无时不变，无事不变"，"能变则全，不变则亡，全变则强，小变仍亡"。只有维新变法，革除积弊，才能挽救中国所面临的危亡局面，以图求存和自强。

第二，要不要兴民权、设议院，实行君主立宪。

在这个问题上，顽固派、洋务派的观点完全一致。他们都要求保持封建君主专制，对于维新派倡导的民权说猛烈攻击。声称："民权之说无一益而有百害"，"民权之说一倡，愚民必喜，乱民必作，纲纪不行，大乱四起"，因此，"民主万不可设，民权万不可重，议院万不可变通"。维新派则运用西方资产阶级政治学说，批判了君权至上的封建专制制度。认为，封建专制制度是"中国致弱之根源"。他们认为要挽救民族危机，就必须兴民权。只有设议院，改行君主立宪，才能使"国家无难决之疑，言论无壅蔽之患，内政即清，外侮不作"。维新派的这些言论，有力地宣传了改变封建专制、实行君主立宪的进步思想。

第三，要不要废八股、改科举和兴西学。

顽固派根本反对西学，坚决维护八股取士的科举制度。洋务派虽然采用西方的科学技术，却仍然把四书五经、纲常名教作为根本，反对学习西方资产阶级的政治学说。而维新派则痛斥科举制是封建统治者牢笼天下的愚民政策，因此要救中国必须废八股、改科举、办学堂、兴西学。由此，造就新型人才，才能挽救民族的危亡。

维新派同顽固派的争论，是资产阶级思想与封建思想的第一次交锋。论战涉及的领域十分广泛，进一步开阔了新型知识分子的眼界，解放了人们长期受到束缚的思想。通过论战，西方的进化论和资产阶级民主思想在中国得到进一步的传播，从而形成中国近代第一次思想解放潮流，推动了维新变法运动的高涨。

光绪新政

由于民族危机的越来越严重，在维新派的推动和策划下，富有爱国心、想要有所作为但又无实权的年轻的光绪皇帝也希望通过变法维新来实现救亡图存，并从慈禧太后为首的后党手中夺取统治大权。1898年6月11日，光绪皇帝颁布了"明定国是"诏书，宣布"变法自强"，实行新政。在至9月21日止的103天里，维新派通过光绪皇帝接连发布了一百多件新政谕令，宣布了一系列的新政措施，史称"百日维新"。主要内容有：

经济方面，设立农工商总局，保护农工商业，奖励发明创造；设立铁路矿务总局，发展铁路和采矿业；设立邮政局，裁撤驿站；改革财政，编制国家预决算。

军事方面，裁减绿营，淘汰冗兵，改练洋操，精练陆军，加强海军，加快新式武器制造等。

文教方面，改革科举制度，废除八股，改试策论；设立学校，开办京师大学堂；设立译书局，翻译外国新书；允许自由创立报馆、学会；派人出国留学、游历。

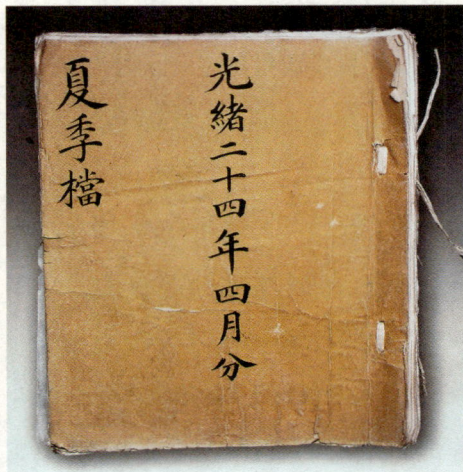

政治方面，删改则例，裁汰冗员，撤消重叠闲散机构；取消"旗人"寄生特权，准其自谋生计；广开言路，准许官民上书言事，政府部门不得扣压。

记载"明定国是诏"的光绪二十四年《夏季档》

　　"百日维新"中颁布的各项政令是接受了维新派的建议而制定的，旨在开放一定程度的言论、出版、结社自由，使资产阶级享受一定程度的政治权利，促进资本主义工商业的发展，因此，戊戌变法是一场资产阶级性质的改良运动。但是，在光绪皇帝颁布的新政诏令中，并没有采纳维新派多次提出的开国会、设议院、制定宪法等政治主张。因此，这些政令和措施并未触及封建制度的根本，所要推行的是一种十分温和的改良方案。

　　光绪皇帝颁布的新政诏令，遭到顽固派和洋务派的阻挠和激烈反对，他们或者推诿敷衍，或根本不理睬。两江总督刘坤一、两广总督谭钟麟对于光绪皇帝所筹办之事，竟无一字覆奏。地方督抚中只有湖南巡抚陈宝箴一人支持新政，认真执行诏令。由于中央和地方守旧官僚的抵制，变法诏令大都成为一纸空文。

血染菜市口

　　自新政之日，封建守旧派就处心积虑地加以反对和抵制。他们聚集在慈禧太后周围待机而动，随时准备反扑。

　　在光绪帝宣布变法的第五天（1898年6月15日），慈禧太后迫使光绪帝一天内连下三道上谕，首先免除了翁同龢的军机大臣等一切职务，勒令回籍，这是削去光绪帝的左膀右臂，无疑是对光绪皇帝和维新派的沉重打击；第二，凡新任命的二品以上大员均须向慈禧太后谢恩，由此使慈禧太后牢牢控制了人事任免大权，限制了光绪帝的用人权；第三，任命她的亲信荣禄署理直隶总督，统率董福祥的甘军、聂士成的武毅军和袁世凯的新建陆军，这样，慈禧太后又把京津地区的军政大权抓到自己手中。同时，慈禧太后又广布心腹，把北京城内外和颐和园的警卫权牢牢抓到自己手里。上述三道命令，为慈禧太后破灭新政、发动政变完成了准备。变法与反变法的斗争加速表面化，有一触即发之势。

面对这样的形势，光绪帝与维新派因为没有掌握实权，而束手无策，他们把希望寄托在曾加入强学会的袁世凯身上，借以对付荣禄。光绪帝曾两次召见袁

慈禧太后着色照

世凯，谭嗣同也密访袁世凯，劝他杀荣禄，除旧党，举兵救驾。袁世凯表示愿忠

谭嗣同的"霹雳琴"

诚报效光绪帝，同时又借口时间紧迫，须立即回天津部署。

对于光绪帝和维新派的一举一动，慈禧和荣禄等早有准备。经过周密策划，1898年9月19日，慈禧太后从颐和园返回紫禁城，将光绪帝软禁。9月21日，慈禧下令将光绪皇帝囚禁于中南海瀛台；然后发布训政诏书，再次临朝"训政"；继而下令大肆搜捕维新派。康有为、梁启超逃脱。谭嗣同拒绝出走，坦然表示"各国变法无不从流血而成，今中国未闻有因变法而流血者，此国之所以不昌也。有之，请自嗣同始"，决心以死来殉维新大业。28日，谭嗣同、杨深秀、杨锐、林旭、刘光第、康广仁等六人被杀于北京菜市口，史称"戊戌六君子"。临刑前，谭嗣同引颈高呼："有心杀贼，无力回天，死得其所，快哉！快哉！"表现了为改革维新以死相拼、勇往无前的大无畏精神。以慈禧太后为首的保守势力扼杀维新变法的举措，史称"戊戌政变"。

1898年的"百日维新"如同昙花一现，只经历了一百零三天就夭折了。除京师大学堂（北京大学的前身）被保留下来以

外，其他新政措施大都被废除。维新派人士和参与新政及倾向变法的官员，或被革职，或被囚禁，或被放逐。戊戌维新运动宣告失败。

戊戌维新运动的失败，主要是由于维新派自身的局限和以慈禧太后为首的强大的守旧势力的反对。温和的、不流血的和平变法运动，以流血的"戊戌政变"而告终结。但维新志士的鲜血不会白流，它进一步唤醒了正在沉睡中的中国人民，再次暴露出清朝统治集团的腐朽和顽固。"戊戌六君子"血的教训促使一部分人放弃改良主张，开始走上革命的道路。此后，孙中山领导的资产阶级民主革命，进一步发展了起来。

第八章

大浪淘沙

在维新变法运动失败后仅一年，就爆发了以农民为主体的震撼中外的义和团反帝爱国运动。中国人民是带着八国联军侵占首都北京的耻辱进入二十世纪的。在经历了无数次探索国家出路屡遭挫折之后，中国人民愈挫愈勇。义和团运动的帷幕刚刚落下，资产阶级革命派迅速走上了历史的前台。武昌起义的枪声，敲响了清王朝的丧钟。走上共和，是近代中国历史发展的必然趋势。

义和团运动

戊戌变法失败后，1900年爆发了以农民为主体的震撼中外的义和团反帝爱国运动。这个运动是帝国主义侵略加深、民族灾难空前严重的产物，是甲午战争以来中国人民反侵略反瓜分斗争的发展，也是长期以来彼伏此起、遍及全国的群众反对外国教士和教会侵略斗争的总汇合。

义和团运动首先在山东兴起。在甲午战争中，山东惨遭战火的洗劫。战后，在帝国主义瓜分中国的狂潮中，德国强占了胶州湾，并划山东为其势力范围。在山东的外国教会势力也不断膨胀，山东成为全国民教纠纷最多的省份之一。加之当时黄河连年溃决，山东的许多地区都遭受了严重的水灾。广大农民家破人亡，流离失所。各地教堂却趁火打劫，高利盘剥，囤积居奇，致使人民长期郁积心中的仇恨与不满，终于通过义和团运动爆发出来。1897年，冠县梨园屯的村民在阎书勤的率领

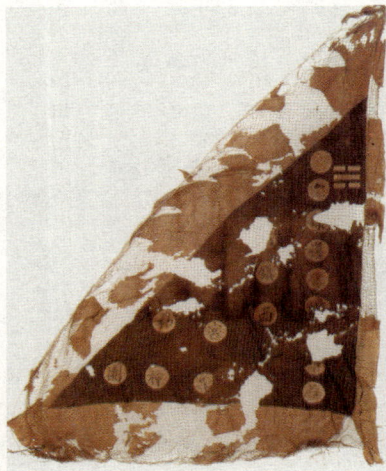

义和团的旗帜

下，拆毁教堂，驱除教民，反抗教会的压迫。梅花拳首领赵三多率拳众前来支援，在梨园屯亮拳设厂。1898年10月，赵三多和阎书勤在冠县蒋家庄打出"助清灭洋"的旗帜，率众攻打教堂。队伍发展到千余人，蔓延十几个县。此后，义和团在荏平、禹城一带得到迅速发

展。1899年秋，荏平拳民首领朱红灯和禹城拳民首领心诚和尚互相支援，驱赶教士、焚毁教堂，并打败了前来镇压的清军。其他各支义和团也纷纷起来响应，造成巨大的声势。山东巡抚张汝梅、毓贤，一方面调军队进行镇压，另一方面也深知长期以来"教民肆虐太甚，乡民积怨不平"，因而对义和团采取了剿抚兼施，乃至以抚为主的政策。这在客观上也有利于义和团运动在山东的发展。

义和团的反侵略斗争，得到了广大群众的拥护，很多人踊跃参加。但义和团始终没有形成一个统一的领导机构。义和团的组织称坛，又叫坛厂（场）、拳厂（场），多设在庵、观、寺院或其他公共场所。坛首称大师兄、二师兄。各坛人数不一，信仰各异，活动范围也不确定。他们往往是各自为战，在组织上有明显的分散性和浓厚的迷信色彩。

义和团运动兴起后，提出了"助清灭洋"、"保清灭洋"、"扶清灭洋"一类的口号。后来"扶清灭洋"这个口号逐渐为各地义和团所普遍采用，成为义和团的行动纲领。这个口号将斗争的矛头鲜明地指向了帝国主义侵略者，表达了中国人民救亡图存的强烈愿望，激发了群众的爱国热情，广泛地争取了爱国官绅和清军将士的同情，从而扩大了义和团运动的群众基础。但是，该口号也反映出义和团对清政府的本质认识不清，并对清王朝抱有幻想，缺少警惕。同时，"灭洋"也带有笼统排外的色彩。

义和团运动在山东的迅猛发展，使帝国主义列强非常恐慌。美、英等国驻京公使不断催促清政府严厉镇压义和团，甚至公然压迫清政府任命袁世凯为山东巡抚。袁世凯到山东后，纠合地方武装，残酷镇压义和团，致使山东的义和团反帝斗争转入低潮。1900年初，一部分义和团转移到直隶省，与当地义和团汇合，多次击败前来镇压的清军，势力更为扩大。在京畿一带，义和团"一倡百和，从者如归。城市乡镇，遍设神坛，坛旁刀戟林立"。4月，义和团占领涿州，控制了直隶省城保定，并逼近京、津，在京畿一带形成燎原之势。

义和团声势浩大，使清政府感到威胁，而想对它加以利用和控制。这时，清政府跟外国侵略者存在着一定程度的矛盾。慈禧太后因英、日等国让康有为、梁启超等在国外继续活动，不同意她废光绪皇帝的计划，而心怀猜忌。在经过几度密议之后，清廷决定承认义和团的合法地位，默许它进入北京。几天之内，居民加入义和团的达十几万人，满、汉士兵也纷纷参加。义和团在北京焚毁教堂，打击外国侵略者，不断示威游行。同时，义和团也进入天津城，在城内划界管辖，守卫各城门，对外国侵略者进行斗争。

　　义和团在北京、天津的迅速发展，鼓舞了全国人民。不仅山东省和直隶省，山西、陕西、河南、内蒙、东北等地区也都爆发了义和团的反帝斗争。南方各省，反对教会侵略的斗争此起彼伏，跟义和团反帝运动相呼应。中国大地上反对帝国主义侵略的怒潮汹涌澎湃。

　　面对迅猛发展的义和团反帝爱国运动，帝国主义列强除了继续胁迫清政府派兵镇压之外，开始准备亲自出马，进行武装干涉。1900年6月，为镇压义和团运动，俄、英、美、日、德、法、意、奥组成的八国联军从大沽登陆，在英国海军上将西摩尔率领下，经天津向北京进犯。

　　义和团和清军爱国官兵在廊坊、杨村等地阻击敌人，打死打伤侵略军数十人，迫使侵略军一度退回天津。

　　1900年8月，八国联军二万余人，从天津沿运河再向北京进犯，不久攻占了北京。慈禧太后挟光绪皇帝仓皇离京，逃往西安。

　　占领北京后，八国联军烧杀抢掠，无恶不作。他们大肆杀戮义和团民，仅在庄王府一处，就杀戮、烧死了一千七百多名团民。瓦德西还纵兵大掠三日，其后更继以私人抢劫。当时，从公使、将军直到传教士、士兵，都参与了这一暴行。法军抢劫的金银财宝用大车拉了七天；日军从户部抢去白银三百万两，并烧房毁灭罪证。各官衙所存库款被抢劫一空，损失约计

日军在安定门外残杀义和团民

六千万两。堆满金银和历朝宝物的皇宫、颐和园等地，也遭到洗劫，大量的珍贵文物被抢掠、毁坏。明代的《永乐大典》在第二次鸦片战争中被英法联军洗劫，成为残本，此次又失去三百零七册。正如时人所言，经过这场浩劫，"中国自元明以来之积蓄，上自典章文物，下至国家奇珍，扫地遂尽"。

在逃亡途中，慈禧太后发布"剿匪"上谕，把战祸责任推到义和团身上，命令各地官兵剿灭义和团。各地清军掉转枪口，开始大肆剿杀义和团，并以此献媚于侵略军。联军统帅瓦德西曾说："当联军前进之际，常常发现中国军队与拳队相战之遗迹。各个城镇人口之处，多悬已斩拳队领袖之头，以欢迎联军。"在中外反动势力的联合剿杀下，义和团反帝爱国运动最终以失败而告终。

在镇压义和团运动的同时，慈禧太后又命李鸿章和庆亲王奕劻为议和大臣，与列强和谈。12月24日，列强提出议和大纲十二条，声称不可更改。慈禧太后表示全部同意，竟然宣称要"量中华之物力，结与国之欢心"，甘愿充当帝国主义势力统治中国的工具。通过《辛丑条约》，西

《辛丑条约》印本

方列强进一步控制了中国，清政府完全成为帝国主义统治中国的工具，变成了"洋人的朝廷"。《辛丑条约》签订后，列强承认慈禧太后执政合法，同意"两宫仍旧临朝"。1902年1月8日，慈禧太后挟光绪皇帝回到北京。

轰轰烈烈的义和团反帝爱国运动，在中外反动势力的联合镇压下失败了。但是，义和团以其英勇顽强的斗争，充分显示了中国人民不甘屈服于帝国主义压迫的反抗精神；它沉重打击了帝国主义瓜分中国的野心，在一定程度上延缓了中国社会的半殖民地化进程。八国联军统帅瓦德西曾无可奈何地哀叹："无论欧美日本各国，皆无此脑力与兵力可以统治此天下生灵四分

之一。"中国人民的反抗斗争粉碎了列强瓜分中国的梦想。

然而，义和团运动的失败也揭示出农民阶级作为小生产者所具有的难以克服的局限性和落后性，也进一步说明农民阶级不可能领导中国人民真正完成反帝反封建的历史任务。但是，义和团运动的失败也促使了中国人民的觉醒。越来越多的人开始意识到，要挽救危亡，就必须推翻清王朝的腐朽统治，掀起革命的浪潮。

宪政闹剧

二十世纪的最初几年，灾难深重的中国，遭受更加残酷的掠夺，清政府的"新政"又给中国人民带来极其沉重的负担，整个社会处在激烈的动荡之中。继义和团运动之后，广大群众反帝反封建斗争连绵不断，资产阶级领导的爱国运动蓬勃兴起。所有这些斗争，预示着清王朝大厦将倾。

面对日益高涨的革命形势，清政府一方面加强军事镇压，同时则以预备立宪为幌子，欺骗人们不再革命。1905年10月，清政府派载泽、

清朝为实行预备立宪而制作的檀香木"大清国宝"

端方、戴鸿慈、李盛铎、尚其亨等五大臣"出洋考察政治"，随后又命政务处设立"考察政治馆"。1906年8月，出洋考察宪政的五大臣陆续回国，密陈立宪有"皇位永固"、"外患渐轻"、"内乱可弭"三大好处，主张诏定国是，仿行宪政，以便安抚人心，稳定大局。9月1日，清政府宣布正式"预备仿行宪政"，但预备立宪的原则是"大权统于朝廷，庶政公诸舆论"，并特别强调当前"规制未备，民智未开"，所以要"妥议立宪实行期限，再行宣布天下，视进步之迟速，定期限之远近"。清政府决定先从改革官制入手，逐步厘订法律、广兴教育、整顿武备、普设巡警，作为实行宪政的"预备"。

虽然清政府对立宪采取了拖延敷衍的态度，但"预备立宪"的宣布，还是使一些人受到很大鼓舞，他们立刻组织起来并积极活动，以响应和督促清政府尽早实行立宪。1906年12月，江浙绅商学界在上海成立了名为"预备立宪公会"的立宪团体，推举郑孝胥为会长，张謇、汤寿潜为副会长。随后，汤化龙在湖北成立了"宪政筹备会"，谭延闿在湖南成立了"宪政公会"，丘逢甲在广东成立了"自治会"，等等。流亡海外的康有为也决定将保皇会改名为"中华帝国宪政会"。1907年10月，梁启超等在日本成立了"政闻社"。各地的立宪团体互通声气，彼此唱和，并在要求清廷立宪的运动中逐渐联合起来。他们也被称为"立宪派"。

但是，清廷并无立宪的诚意，而是企图借立宪之名，实行中央集权、满族贵族集权。1906年11月6日，清廷公布了中央官制改革方案，行政中枢军机处保持不变，只对某些部的名称做了更改；迫使袁世凯将已练成的"北洋六镇"交出四镇，归满族亲贵控制的陆军部统率。与此同时，清政府力图削减地方督抚的权力。次年8月，把湖广总督张之洞、直隶总督袁世凯调升为军机大臣，剥夺了这两位实力最强的汉族总督的实权。

立宪派发现清廷对于立宪并无实际行动，便开始派代表进京联名上书请愿，要求朝廷速开国会。作为对请愿运动的回应，清廷于1908年8月27日颁布了《钦定宪法大纲》，规定大清皇帝的统治"万世一系"，是至高无上、神圣不可侵犯的，一切颁行法律、召集开闭解散议院、设官制禄、统率海陆军、宣战媾和、订立条约、宣布戒严、司法等大权，全在君主一人手中。特别是用人、军事、外交等大权，议院根本不得干预。这个"宪法大纲"完全是为了巩固君权、强化君权。但同时也应允预备立宪以九年为限，期满后正式召开国会，并规定"筹办谘议局"。清廷此举进一步暴露了它根本没有立宪的诚意。11月14、15日，光绪皇帝和慈禧太后相继死去，溥仪继承了帝位，年号宣统。宣统皇帝年幼，由他的父亲醇亲王载沣摄政监国。

载沣执政后，为了笼络人心，表示要继续推行立宪，下令各省尽快成立谘议局。另一方面，他罢斥了军机大臣兼外务部尚书袁世凯，令其回籍"养病"。

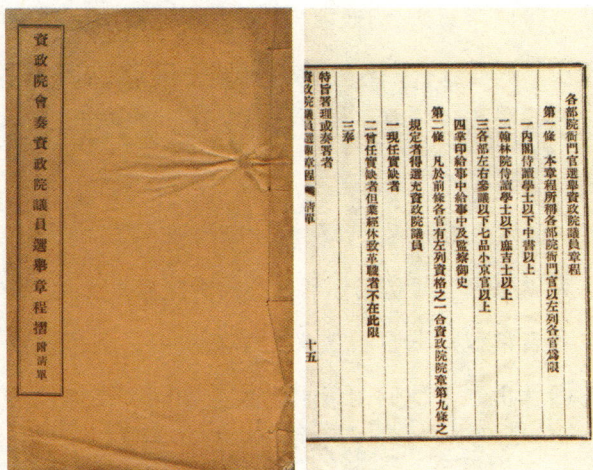

资政院议员选举章程

载沣自任大元帅，亲统禁卫军，命其弟载洵、载涛分任海军大臣和军咨大臣，荫昌为陆军大臣，试图以此来加强满族亲贵的权力。载沣此举进一步激化了满汉官僚的矛盾，加剧了统治集团的分裂。

1909—1910年，各省谘议局和北京资政院相继成立，立宪派在其中占据了优势。为促使清政府加快宪政，各省立宪派连续发起组织了三次声势浩大的请愿运动，要求清廷缩短预备期限，"速开国会"。迫于这种形势，清政府宣布缩短"预备立宪"期限，定于宣统五年（1913）召开国会，并立即设立内阁。此后，清政府再也不允许请愿早开国会。

1911年5月，清政府宣布成立责任内阁。在内阁十三名大臣中，汉族仅有四人，满族有九人，其中皇族占七人，被称为"皇族内阁"。因此，"预备立宪"成了清政府维护专制统治的一场骗局。

皇族内阁的成立，使清政府集权于皇室的阴谋彻底暴露。立宪派原想借助立宪分享一些政治权力，至此落空。他们再次以各省谘议局联合会名义上书清政府，请求改组内阁。清政府断然拒绝了他们的请求。立宪派无可奈何地哀叹"希望绝矣"。立宪运动彻底破产了。

"预备立宪"破产后，人们丢掉了对清朝的幻想，这是武昌起义成功和各省迅速响应的原因之一。

革命派崛起

孙中山像

在改良派作为中国思想界的主导力量为维新变法奔走呼号之时，中国资产阶级革命派开始登上历史舞台。1894年，中国革命的先行者孙中山经上海北上天津，上书李鸿章，提出变法自强主张，遭到拒绝，孙中山通过改良改造中国的理想破灭，于是他开始积极寻求新的出路。这年11月，他在美国檀香山联合华侨志士二十多人，创立了中国第一个资产阶级革命团体——兴中会。但在当时中国国内，革命派并没有获得民众的认同。孙中山在回顾1895年的广州起义时说：在广州初次起义失败后，举国舆论都把他们看作"乱臣贼子，大逆不道"，诅咒谩骂之声不绝于耳。

1898年，短暂而急促的"百日维新"被扼杀，"六君子"喋血于菜市口，改良派希图通过自上而下的内政改革使中国走上富强道路的梦想被彻底打碎。改良派与革命派的地位也随之发生变化，革命的声势日涨，逐步成为时代的主流。原来参加维新运动的一大批人如秦力山、杨笃生、章太炎等都投到革命的旗帜之下。尤其是经过义和团运动和八国联军的入侵，清政府已是

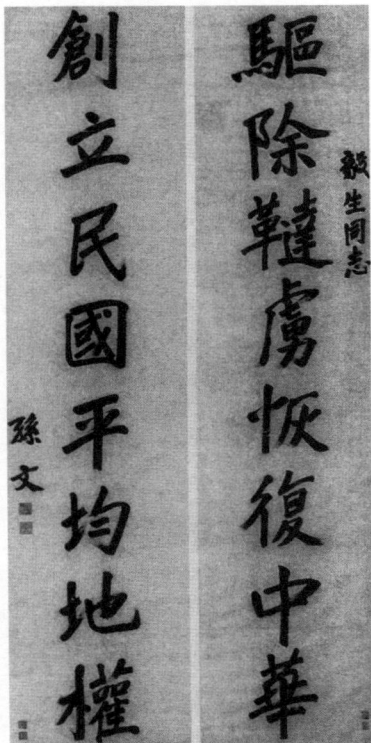

孙中山手书同盟会纲领

143

"忽喇喇似大厦倾，昏惨惨似灯将尽"，从里到外的腐败暴露无遗。人们对它已经绝望。在1901—1905年间，革命势力大大地激荡起来，先后出现一百多个革命团体。这些团体的建立和扩大，使建立统一的全国性的革命政党的条件逐渐成熟。

1905年7月，孙中山从欧洲到日本，经广泛联系和协商，在日本东京召开了第一次联合会，决定建立一个统一的政党，命名为"中国同盟会"，决定以孙中山于1903年提出的"驱除鞑虏，恢复中华，创立民国，平均地权"为会纲，并推举黄兴、陈天华等人起草同盟会章程。8月20日，中国同盟会在东京举行成立大会，通过了黄兴等起草的《同盟会章程》，推举孙中山为同盟会总理。

《民报》

此后，孙中山在同盟会机关刊物《民报》发刊词中，将同盟会的十六字纲领概括为民族、民权、民生三大主义，这就是著名的"三民主义"。民族主义包括"驱除鞑虏，恢复中华"两项内容，它的中心思想是推翻清王朝的反动统治，变半殖民地半封建的中国为民族独立的中国。也就是孙中山所说的民族革命。民权主义就是"创立民国",即推翻封建君主专制制度,建立资产阶级民主共和国。这是同盟会政治纲领的核心,是孙中山所说的政治革命。民生主义的具体内容是"平均地权",其核心是解决土地问题,即用"平均地权"的办法防止资本主义制度下的贫富分化与对立,达到社会革命目的,并解决国计民生问题。也就是孙中山所说的社会革命。

中国同盟会及其纲领尽管还存在着种种缺点和不足,但它毕竟使中国革命有了一个领导核心和统一的指导思想。同盟会的成立及其纲领的形成,标志着中国资产阶级民主革命进入了一个新的阶段,预示着全国性的革命高潮即将到来。

激烈辩论

就在同盟会成立的当年,清政府迫于形势宣布派五大臣出洋考察宪政,并于次年宣布了"预备立宪"。此举使流亡海外的康有为、梁启超等改良派大受鼓舞,他们更加起劲地宣传保皇立宪,反对革命。为使民主革命的思想深入人心,就必须对改良派的改良主张予以批判。革命党人在《民报》创刊号上发表文章,阐述三民主义学说,宣传以共和代专制,用革命救中国,并点名抨击了康、梁的观点。改良派立刻撰文反击。于是，在1905—1907年间，围绕中国究竟是采用革命手段还是改良方式这个问题，革命派和改良派各自以东京的《民报》和横滨的《新民丛报》为主要阵地，展开了一场大论战。两派在新加坡、檀香山、旧金山和香港等地的报纸，也相继投入了战斗。

论战所涉及的问题范围很广，但中心问题还是围绕着同盟会所提出的纲领即三民主义而进行的，也就是中国是否应以革命手段推翻清王朝的统治，是否应当建立资产阶级共和国并改变封建的土地制度。

关于要不要以暴力推翻清王朝，是这次整个论战的中心。改良派竭力歌颂君主立宪，诋毁革命。他们认为要使中国富强，不必推翻清政府，只要劝清王朝改良，要求它实行君主立宪就可以了。他们攻击革命，断言革命必将造成社会的动荡，招致外国干涉，导致国家的灭亡。康有为诋毁革命是"杀人流血"，声称："革命之举，必假借于暴民乱人之力，天下岂有与暴人乱民共事，而能完成者乎，终亦必亡，不过举身家国而同毙耳。"对此，革命党人针锋相对地指出：清王朝一点权力也不肯放弃，根本不可能实行君主立宪。他们指出清王朝已成了帝国主义的走狗，如果不推翻清廷的反动统治，中国将被它完全断送。他们热情歌颂了革命的历史火车头作用，指出革命虽不免流血，但可"救人救世"。在革命战争中，杀人流血是不可避免的。但革命正是要以流血换来不流血，换来广大人民群众免受反动统治阶级的蹂躏、屠杀。革命派认为，中国所面临的被瓜分的危险，也不是来自革命，而在于清政府的腐败和卖国。所以，推翻清王朝的革命正可以避免中国被列强所瓜分。

中国是否能够建立民主共和国，是这次论战的又一个重点。改良派一贯主张政治改革必须循序渐进，经过一个长期的君主立宪阶段，然后才能实行民主共和制。如果骤然实行民主共和，必然险象环生，最终仍将归于专制。对此，梁启超曾专门撰写了《开明专制论》和《申论种族革命与政治革命之得失》等长文来加以阐述。他的结论就是与其革命不如改良；与其共和，不如君主立宪；与其君主立宪，不如开明专制。革命党人则认为，追求民主共和是世界潮流、大势所趋，中国人民完全有能力在推翻封建专制统治之后，建立起一个民主共和的国家。至于国民政治素质不高这个问题，革命党人强调要以革命开民智来加以解决。

关于要不要改变封建的土地制度的问题。改良派反对土地国有，反对平均地权。他们认为中国社会经济组织优良，土地问题不是中国的最重要的问题，不存在社会革命的可能。社会革命只会导致中国的大动乱。他们还攻击主张平均地权是煽动乞丐流氓，主张土地国有是危害国本，并表示在这个问题上"宁死不让"。革命派对改良派反对"平均地权"的谬论，进行了驳斥。他们强调，当时的中国社会存在着严重的"地主强权"、"地权失平"的现象，而"救治之法，则惟有实行土地国有之政策"。必须通过平均地权以实现土地国有，在进行政治革命的同时实现社会革命，才能避免贫富不均等社会问题的出现。

这次论战具有重大的意义。通过这场论战，划清了革命与改良的界限，传播了民主革命思想，扩大了革命阵地，促进了革命形势蓬勃发展。经过这场论战，就连立宪派也不得不承认："数年以来，革命论盛行于国中，……其旗帜益鲜明，其势力益磅礴而郁积，下至贩夫走卒，莫不口谈革命，而身行破坏。"以致主张立宪者"气为所慑，口为所钳"。

武昌起义的枪声

1911年10月10日，武昌起义爆发，它是国内阶级矛盾、民族矛盾日益尖锐、人民反抗斗争不断高涨的结果。

武汉素有"九省通衢"之称，是帝国主义侵略的重要据点和清皇朝的一个统治重心，也是资产阶级革命党人活动非常活跃的一个地区。虽然革命团体多次遭到破坏，但是从日知会、湖北军队同盟会、群治学社、振武学社，直到文学社和共进会等各革命团体，始终都注意在新军和学生中进行革命宣传和组织工作，将大批青年学生和会党群众输送入伍。经过努力，在新军的基层建立起了革命组织，参加的士兵达五千多人，占全省新军人数的三分之一左右，为武昌起义的发动奠定了坚实的基础。

1911年3月，四川省爆发了保路运动，并迅速激化，发展成武装斗争。这使湖北的革命党人深受鼓舞，文学社和共进会几经磋商，决定联合发动起义。为此，革命党人建立起统一的领

革命军攻克湖广总督署

导机构，推举文学社社长蒋翊武为总指挥，共进会领导人孙武任参谋长，预定在中秋节（10月6日）起义。

然而，待起义日期临近，因时间仓促，准备不够，革命党

湖北军政府的布告

人决定将起义延期到10月11日。不料，在10月9日发生了孙武检测炸弹失慎爆炸事件，起义计划暴露，起义的领导机关遭到破坏，革命党人名册被收。湖广总督瑞澂立即下令全城戒严，开始大肆搜捕革命党人。新军里的革命党人见事态紧急，决定提前起义。

10月10日夜，新军工程第八营的革命党人打响了起义的第一枪，震惊中外的武昌起义爆发了。起义部队迅速占领了军械库，然后向湖广总督衙门发动了猛攻，附近居民积极协助进攻，他们点火为进攻的部队照明，使起义军炮弹能接连击中总督署。次日凌晨，起义军攻占总督署，瑞澂等官员仓皇逃走，革命党人完全占领武昌城。在武昌起义的鼓舞下，汉阳、汉口的新军先后起义，革命党人迅速控制了了武汉三镇。因1911年是农历辛亥年，历史上称这次革命为"辛亥革命"。

武昌起义的第二天，革命党人着手建立革命政权，湖北军政府成立。武昌起义在全国引起了强烈的震动，各地纷纷响应，革命浪潮迅速席卷全国。仅一个多月，全国大部分省宣布脱离清王朝而独立。腐朽的清朝统治迅速土崩瓦解。

　　武昌起义敲响了清王朝的丧钟。1912年2月12日，清帝被迫退位。在中国延续了两千多年的封建帝制终于覆灭。

首批赴美留学幼童

深入阅读

1、蒋廷黻《中国近代史》，上海古籍出版社，1999年。

2、李侃主编《中国近代史》，中华书局，1994年。

3、郭双林、王续添《中国近代史读本》（上、下册），北京大学出版社，2006年。

4、陈旭麓《中国近代史十五讲》，中华书局，2008年。

5、费正清《伟大的中国革命1800—1985》，世界知识出版社，2000年。

6、胡绳《从鸦片战争到五四运动》，人民出版社，1998年。

7、林华国《近代历史纵横谈》，北京大学出版社，2005年。